# 1日1分レッスン!
# 新TOEIC®Test 千本ノック!

## 中村澄子

祥伝社黄金文庫

編集協力　霜村和久
　　　　　草文社
本文デザイン　内藤裕之

# まえがき

　『1日1分レッスン！ TOEIC Test』シリーズも本書で5冊め、単語本『英単語、これだけ』を入れると6冊めになります。最初の本を出版したのが2005年1月ですから、早3年になります。おかげさまでどの本も好評で、読者の皆様には「緑本」の愛称で親しまれるようになりました。本シリーズの愛読者の皆様に、改めて心より感謝いたします。

　TOEICテスト改変による変化を抜きにしても、この3年の間に、テストの内容はかなり変わりました。リーディングセクションでは、この本で扱っているパート(5)とパート(7)の長文読解問題の変化が顕著です。一般的には、両パートともに難しくなったと言われています。

　パート(5)が難しくなったと言われる理由は、語彙問題の占める割合の増加と、出題語彙の変化でしょう。3年くらい前からすでにパート(5)の半分は熟語を含む語彙問題に変わっており、そのことはこれまでもあちこちに書いてきました。最近のテストの特徴としては、語彙問題を除く残り半分の文法問題の中にも、「適切な意味の副詞を選ぶ問題」「慣用表現の一部の前置詞を問う問題」など、語彙問題にかなり近い文法問題が増えたことで、「語彙問題の多さ」に驚く人も多いようです。

　出題数の多い語彙問題では、ビジネスで頻繁に使う表現や、会計レポートや経済新聞などで使われる表現に関する語彙や表現を問う問題が増えてきています。そのためか、通常の単語は知っていてもビジネス関連の単語に触れる機会が少

ない人は「難しくなった」と感じているようです。

　語彙問題の中には繰り返し出題されるものも少なくはありませんが、その一方で、一度出題されて終わりというものもあり、問題集の中で扱いにくいためか語彙問題を多く扱っている問題集はけっして多くありません。語彙問題を扱っていても「はたして今のテストに出るのかなあ」と思うような語彙も見かけます。

　本書の出版に際しても、語彙問題の扱いについてはかなり悩みました。しかし、現実のテストがそうなのだから語彙問題や表現を問う問題を入れなければ買ってくださる方の参考にならないのでは、という結論にいたりました。

　本書の特徴は、頻出の文法問題に加え、「出題された、あるいはされそうな語彙問題や熟語問題」を多く扱っていることです。繰り返し出題される語彙に加え、今後は出題されないかもしれない語彙もあるかもしれませんが、「ふうーん、最近はこんな感じの語彙や表現を問う問題が出てるんだ、英文を読む際にはこんな感じの語彙や表現に気をつけよう」と参考にしていただければ幸いです。

　文法問題では出題のパターンがある程度決まっているため、点数が高くない人は、まずは確実にとれる頻出の文法問題をマスターしなければなりません。

　逆に、700点とか750点の方が850点以上の高得点を目指す場合は、先に述べたビジネス系の語彙や表現を知らなければ難しいため、日頃からそのような語彙がよく出るレポートや新聞を読む習慣を身につけることが重要です。

　過去の『1日1分レッスン！ TOEIC Test』シリーズでは、

大事な順番や、点数別に分けて章立てをしましたが、本書では初の試みとしてパート(5)の160問の問題をランダムに並べて、ワークブック形式で作成しました。

私が主宰している教室での問題やメールマガジンから、厳選しました。この本のために新しく作成した問題もあります。さまざまな問題が次から次に出てきますので、タイトルどおり、TOEICの「千本ノック」になっています。どうか、最後までついてきてください。

5章だてになっていますが、章ごとの難易度平均が似るように問題を分けましたから、何章からお解きいただいても大丈夫です。

パート(6)の問題はパート(5)と似ているので、パート(5)の練習がそのままパート(6)の練習につながりますが、6章でパート(6)用に4題12問を用意しています。

今回も、音声ダウンロードをご用意しました。問題文は今までの『1日1分レッスン！ TOEIC Test』シリーズ同様、恩師である佐川ケネス先生に吹き込んでいただきました。英文もできるだけビジネス関連のもので作成しています。仕事で使えそうな英文も見つかると思います。ご自分のレベルや用途に合わせてお使いください。

本書も過去の『1日1分レッスン！ TOEIC Test』シリーズに続き、皆様の学習のお役に立てるものと信じております。

2008年2月
中村澄子

# Contents

まえがき・・・・・・・・・・・・・・・・・ 3

読者の声、ご紹介します・・・・・・・・・・・・・・ 8

この本の使い方・・・・・・・・・・・・・・・ 12

## 1章 まずは肩慣らしの32問・・・・・・・ 13
読むだけでスコアアップ! 最近のリーディングセクションの傾向・・79

## 2章 がんばれ、がんばれ34問・・・・・・ 81
読むだけでスコアアップ! 最近のリスニングセクションの傾向・・151

## 3章 もうひとがんばりの32問・・・・・・ 153
読むだけでスコアアップ! TOEICを取り巻く昨今の事情・・・219

# 4章 それでもがんばれ30問・・・・・・・221

**読むだけでスコアアップ！** リスニング用アイテム・・・・・・283

# 5章 倒れるまでがんばれ32問・・・・・・285

**読むだけでスコアアップ！**「すごい人」の話 完結編・・・・・351

# 6章 新テスト・パート6攻略のための厳選12問 353

**読むだけでスコアアップ！** オフィスS&Yの今と今後・・・・387

# 索引（単語別・ジャンル別）・・・・・・・・・390

## 読者の声、ご紹介します

　本書の著者・中村澄子先生は、「効果的に点数をアップさせる」と絶大な評価を得ている、TOEICのカリスマ講師です。大手企業の研修やセミナーで講義を行なう傍ら、東京・八重洲で一般向けの対策教室を開いています。
　また、公開テストを毎回受験し続けることで、最新の出題傾向や頻出単語を常に把握しています。
　教室受講生や本シリーズの読者たちに、その効果のほどを語っていただきました。TOEIC学習の参考にしていただけますと幸いです。（編集部）

●緑本の的中率に毎回びっくり！
　『1日1分レッスン』シリーズは、ステップアップ編、新TOEIC編、パワーアップ編ともに利用しています。おかげで、昨年11月の公開受験では、1年前に比べて200程度スコアアップして、825をマークできました。ありがとうございました。基本的には、試験前日の復習のみに利用しています。間違えたところに付箋をつけておいて試験直前に3冊すべて見直しています。いつもかなりの的中率に驚いています。
　　　　　　　　　　　　　　　　　（千葉・銀行員・32歳）
●驚異の中村メソッド。通勤時間の勉強だけで935点
　会社員かつ主婦なので、勉強時間は平日の通勤時間のみです。そんな私が3ヶ月で935点までスコアを伸ばせたのは、中村先生の著書と講座のおかげです。迷わず中村メソッドに特化、"選択と集中"した結果、最小限のインプットで結果を得ました。ハイスコア取得に必要なのは英語の

才能や長時間の苦しい勉強ではなく、正しいメソッド習得と実感しました。　　　　　（神奈川・半導体メーカー・40代）

●最初の参考書が緑本でよかった！ 540点から825点へ

勉強せずに受けた最初のスコアは540点でした。『1日1分レッスン』シリーズを購入し、毎日空き時間に読んでいるうちに文法と頻出単語が同時に身について、2ヶ月後に90点アップ。これなら1年後には730点も夢じゃないかも!?　と思い、八重洲セミナーに申し込みました。5回授業を受けて臨んだところ、思いがけず825点でした！　最初に出会った参考書が中村先生の緑本だったことが私にとって最大の幸運でした。「時間がないから」「もう年だから」と言い訳したくなるたびに、「すごい人」のコラムにも励まされました。おかげで回り道をせずにスコアを伸ばすことができて、本当に感謝しています！

（東京・通信会社・40代）

●子育て中なのに2ヶ月で250点以上アップ

3ヶ月前から先生のメルマガを愛読しはじめました、外資系企業に勤める主婦です。昨年1月のスコアは435点でしたが、2ヶ月前から先生の緑本2冊を寝る前の30分に読み、通勤の30分&お昼休みの20分で『新TOEICテスト1週間でやりとげるリスニング』（中経出版）を聞き続けた結果、1月のテストで730点を取ることができました。保育園に通う子供がおり、勉強を行なった2ヶ月間も、クリスマスや年末年始のイベントでサボることも多々ありました。予想外の点数に自分でも驚いています。本当に250点（以上）のUPができるなんてびっくり。ありがとうございます。

（愛知・主婦・34歳）

●書店で見かけた1冊が運命を変えた

中村先生との出会いは、ふとした瞬間に始まりました。2007年3月、600点台だった自分が、たまたま本屋で手に取った1冊の本の筆者履歴に書かれていた「すみれ塾」というネーミングにピーンとくるものを感じ、直感的に4月からの教室に応募いたしました。もし自分が先生と出会っていなかったらどうなっていたんだろう。そう考えるとぞっとします。2008年1月の試験で865点を取れたこと、ここまで来られたのも、英語の環境を与えてくださった先生のおかげです。 （神奈川・メーカー・32歳）

●緑本で劇的に点数を上げる効果的な学習法

今日、試験結果が返ってきました。9月のスコアが800（L400, R400）、10月のスコアが825（L425, R400）と順調にスコアが上がりました。11月の試験は非常に仕事が忙しく時間がとれませんでしたが、875点（L400, R475）とることができました。リーディングは自信がありましたが、475点は初めてです。10月のテストから11月にしたのは緑本（新テスト、ステップアップ、パワーアップ）と単語本の4冊です。1ヶ月でそれぞれ2回ずつ行ない、意味のわからない単語はすべて抜き出し、覚えるようにしました。2回目でもできない場合のみをチェックし、試験会場で解き直しました。緑本を繰り返すことで、Part7の読解も楽にできました。先生のおかげで海外派遣が実現しそうです。本当にありがとうございました。出会えたことに感謝します！ （滋賀・外資系製薬会社・26歳）

●645から835。先生のおかげです

本日、11月のTOEICの結果が届き、自分でもとてもびっくりしたのでメールをさせていただきます。9月の結果は

645だったのに、先生の本全部と、「既出ポイント問題326題」、そして先生の勉強方法で公式問題集をしっかりとやったおかげで、835をとることができました！
2ヶ月でほぼ200点もアップできるなんて本当に先生のおかげとしかいいようがありません。ありがとうございました！
(大阪・パタンナー・38歳)

## ●効果抜群のマシンガントーク

教室では、先生自らが受験し、最新の本試験の傾向を反映したよく練られた問題を提供してもらいました。毎週、マシンガンのような速度でテンポよく授業が行なわれ、集中しないとついていけません。しかし、仕事で疲れた頭が、ほどよい緊張感で俄然やる気になります。授業数も社会人が通える範囲の適度で、授業料も他校に比べリーズナブル。授業の内容や方法、すべてはできませんでしたが、時間を見つけて可能な限りでやりました。結果、Readingセクションは受験時には20分以上時間が余り（Part7を2度読みし、途中で精読しても）、試験終了後満点じゃないかと思ったぐらいでした（結果、480でした）。TOEICの教室でReadingのテキストとしてこれ以上の教室はないと考えています。
(東京・公認会計士・30代)

## ●中村先生の講義は恋愛にもきく

大手総合商社に勤務する女性に一目惚れ。口説くにはそれ相応のスコアが必要だ（と、勝手に思い込んだ）。しかし、1年後では時間がない。じゃあ、どうする？　運命のいたずらで、すみれ塾に出会った。受講後に、750点を達成。愛情・知性・仕事・健全な肉体など得るものは多かった。中村先生、謹んで御礼申し上げます。

(東京・製薬会社・27歳)

# この本の使い方

### ▶奇数ページ
著者が主宰しているTOEIC教室の教材や有料メールマガジンから、厳選しました。本書のために作成した問題もあります。さまざまな問題が次から次に出てくる、TOEICの「千本ノック」です。最後までついてきてください。
【単語の意味】おさえておきたい重要単語を、発音記号付きで説明しています。
【★印】難易度を★で表現しました。
　★　　　　　絶対に正解したい基本的な問題です。
　★★　　　　かなりやさしい問題です。
　★★★　　　標準的な難しさです。
　★★★★　　かなり難しい問題です。
　★★★★★　超難問です。
【チェック欄】できたら○、できなかったら×をつけましょう。繰り返し学習に便利です。

### ▶偶数ページ
【解説】間違いやすいポイントやトリックについて、詳しく説明しています。文法知識の整理になります。
【問題文の訳】標準的な日本語訳を示しています。
【ポイント】各問題の重要問題を、「おさえよう、この問題のポイント」と題して、短くまとめています。時間のない時は、ここを読むだけでも効果があります。

### ▶読むだけでスコアアップ！
各章の最後は、著者の書下ろしエッセイです。著者にしか書けない最新情報やノウハウが満載です。

### ▶ダウンロード・サービス
すべての問題文を、ネイティブスピーカーの発音で聞くことができます。

# 1章

# まずは肩慣らしの 32問

# 第1問

★★★★

できたら……○
できなかったら…×

●次の選択肢の中から正しいものを選びなさい。

Although the pay was very good, he decided to quit the job because of the (　) high pressure and stress of the position.

Ⓐ enthusiastically

Ⓑ unbearably

Ⓒ tolerably

Ⓓ alternatively

---------【単語の意味】---------

**pay** [péi] ……………………………給料
**quit** [kwít] ……………………やめる、辞職する
**position** [pəzíʃən] ……………………職、地位

〈1章 まずは肩慣らしの32問〉 15

〈答え〉 Ⓑ unbearably

〈解説〉
適切な意味の副詞を選ぶ問題です。
選択肢には難しめの副詞が並んでいます。
どれを入れるべきかは意味を考えて判断しますが、このように難しめの副詞が並んでいる場合、語彙力も関係します。適切な意味の副詞を選ぶ問題は、頻繁に出題されていますが、最近はこの問題のように選択肢に難しめの副詞が並ぶ問題も増えてきました。コンマの後で「仕事をやめることに決めた」と言っていて、because of の後ろでその理由を語っています。空欄の後ろが high pressure and stress ですから、「耐えられないほど」という意味のⒷの unbearably を選べばいいとわかります。
Ⓐの enthusiastically は「熱心に」、Ⓒの tolerably は「我慢できる程度に」、Ⓓの alternatively は「代わりに」という意味で、ここでは使えません。
適切な意味の副詞を選ぶ問題は、一種の語彙問題です。

〈問題文の訳〉
給料は非常によかったのですが、その職には耐え難い重圧とストレスがあったため、彼は仕事を辞めることにしました。

────**おさえよう、この問題のポイント**────
unbearably は「耐えられないほど」という意味の副詞です。
適切な意味の副詞を選ぶ問題で数度出題されている単語です。

# 第2問

★★★

●次の選択肢の中から正しいものを選びなさい。

The president went to Florida for his short vacation because the weather was very (　).

Ⓐ agreed

Ⓑ agreeable

Ⓒ agreeing

Ⓓ agreement

---
【単語の意味】

**vacation** [veikéiʃən] ……………………………………休暇
**weather** [wéðər] ………………………………………天気、天候

〈答え〉 Ⓑ agreeable

〈解説〉

形容詞の問題です。

「be 動詞の後ろには形容詞がくる」が、「一般動詞の後ろには目的語である名詞がくる」という点を問う問題は TOEIC にはよく出ます。

be 動詞の後ろには過去分詞や現在分詞がくることもありますが、分詞がくるのか形容詞がくるのかは、空欄の前後を見て判断します。

空欄前後の英文を読むと、「天候がいいので」と言いたいようなので、形容詞を入れる問題だと判断しましょう。

選択肢の中で、形容詞は agreeable「心地よい、快適な」と agreed「協定した、同意した」だけです。agreed では英文の意味は通りませんが、agreeable だと意味が通ります。

最近出題されたタイプの問題ですが、この問題が難しいのは、agreeable という単語が「天候がよい」、という意味で使われることを知らない人が多いことです。

多くの英文を読んでいると語感が鍛えられ、このような問題であっても一瞬で正解することができます。

〈問題文の訳〉

天候が非常に快適な地なので、大統領はフロリダに行って、短い休暇を過ごしました。

────**おさえよう、この問題のポイント**────

「be 動詞の後ろには形容詞、一般動詞の後ろには目的語である名詞がくる」という点を問う問題がよく出ます。agreeable のように able で終わる語は形容詞です。

# 第3問

★★

できたら………○
できなかったら…×

●次の選択肢の中から正しいものを選びなさい。

The invitation to the large and important embassy reception is delivered (　) hand to all those who are invited to it.

Ⓐ on

Ⓑ with

Ⓒ by

Ⓓ at

---
【単語の意味】

**invitation** [ìnvitéiʃən] ……………………招待状
**embassy** [émbəsi] ……………………………大使館
**deliver** [dilívər] ………………………………配達する、届ける

〈1章 まずは肩慣らしの32問〉 **19**

〈答え〉 ⓒ by

〈解説〉
前置詞の問題です。
「by hand」は、「手渡しで」という意味でよく使われる慣用表現で、TOEICにも時々出ます。パート(5)やパート(6)だけでなく、リスニングセクションでもよく使われるので、覚えている人は多いと思います。
このような問題では、わからない場合は消去法を使いましょう。TOEICでは消去法が思いのほか有効です。

〈参考〉
他に hand を使った熟語で give … a hand「…を手伝う」があり、by hand と同様に、日常生活でもよく使われますし、また、TOEIC のリスニングセクションでよく出ます。

〈問題文の訳〉
盛大で重要な大使館のレセプションの招待状は、招待客全員に手渡しで配られます。

────おさえよう、この問題のポイント────
「by hand」は、「手渡しで」という意味で頻繁に使われる慣用表現です。

# 第4問

★★★

できたら……○
できなかったら…×

● 次の選択肢の中から正しいものを選びなさい。

The instructions given to the workers were not followed accurately because directions were not ( ) written.

Ⓐ clearer

Ⓑ cleared

Ⓒ clearly

Ⓓ clearing

---
【単語の意味】

**instruction(s)** [instrʌ́kʃən] ……………………指図、指示
**follow** [fɑ́lou] ……………………………………従う
**accurately** [ǽkjərətli] …………………………正確に
**direction(s)** [dərékʃən] …………………………指示

〈1章 まずは肩慣らしの32問〉 21

### 〈答え〉 Ⓒ clearly

### 〈解説〉

副詞の問題です。

空欄の前後は、否定の not が入ってはいますが、were written と動詞の受動態になっています。

動詞を修飾するのは副詞です。副詞はⒸの clearly しかありません。

### 〈重要〉

受動態になっていても、進行形になっていても、完了形になっていても動詞です。

この問題のように、混乱させようと間に not や never を入れている場合もありますが、基本に立ちかえれば簡単に解ける問題です。

副詞は、主に、動詞、形容詞、他の副詞、副詞句、文全体を修飾します。

品詞の問題はパート(5)と(6)を合わせると、毎回 10 問前後出題されます。中でも一番間違えやすいのが、副詞の問題です。

### 〈問題文の訳〉

指示が明確に書かれていなかったので、その作業員らに与えられた指図は正確には守られませんでした。

────**おさえよう、この問題のポイント**────

間に否定の not が入っていますが、空欄前後は were written と動詞の受動態になっています。動詞を修飾するのは副詞です。

# 第5問

★★★

●次の選択肢の中から正しいものを選びなさい。

We did not expect competition from other European countries, but recently because of increased production in some European countries, we now encounter (　) market pressure.

Ⓐ increasingly

Ⓑ increasing

Ⓒ increase

Ⓓ increasable

---

### 【単語の意味】

**competition** [kàmpətíʃən] ……………………競争
**recently** [ríːsntli] …………………………………最近
**production** [prədʌ́kʃən] …………………………生産、生産高
**encounter** [enkáuntər] …………………………直面する
**market pressure** ………………………………市場圧力

〈答え〉 Ⓑ increasing

〈解説〉

分詞の問題です。

空欄直後は名詞なので、空欄には形容詞の働きをするものが入ると考えられます。

選択肢のⒹ increasable は形容詞ですが、「増大できる」という意味なので英文の意味が通りません。Ⓑの increasing は「増加している、増加しつつある」という意味の現在分詞です。形容詞の働きをする現在分詞の increasing を入れれば意味が通ります。

increasing 以外にも、同じような使い方をする現在分詞の growing「増大する」や declining「低下する」なども出題されています。

〈参考〉

分詞には現在分詞と過去分詞があり、両方とも形容詞の働きをし、名詞を修飾します。

「～している、～する」という意味の場合には現在分詞を、「～された、～される」という意味の場合には過去分詞を使いましょう。

〈問題文の訳〉

当社は他のヨーロッパ諸国からの競争を受けるとは予想していませんでしたが、最近ヨーロッパで生産量が増加した国が出てきたため、ここのところ次第に市場圧力を受けるようになりました。

──────おさえよう、この問題のポイント──────

現在分詞は形容詞の働きをし、名詞を修飾します。「～している、～する」という意味になる場合には現在分詞を使います。

# 第6問

★★★

●次の選択肢の中から正しいものを選びなさい。

Because the tax ( ) forecasted by the government was lower than expected, it has had to issue deficit covering bonds.

(A) income

(B) revenue

(C) earnings

(D) allocation

### 【単語の意味】

**forecast** [fɔ́ːrkæst] ……………………………………予測する
**expect** [ikspékt] ……………………………………期待する
**issue** [íʃuː] ……………………………………………発行する
**deficit covering bond** ……………………………赤字公債

〈1章 まずは肩慣らしの32問〉 25

## 〈答え〉 Ⓑ revenue

## 〈解説〉

単語の問題です。

tax に続けて、意味が通る文にするには、空欄に revenue を入れるしかありません。

tax revenue で「税収」という意味になります。この問題で難しいのは、選択肢の income、earnings ともに「収入」の意味を持っていることです。単純に単語の意味だけを覚えている人は迷いますが、英文の中で使い方を覚えている人には簡単な問題です。

revenue は「収入、歳入」という意味の名詞で、経済関連の英文でよく使われます。

最近のテストでも increased revenue という表現で、revenue を入れさせる問題が出題されました。

パート(5)のおよそ半分が熟語問題を含む語彙問題です。日頃から多くの英文を読み、英文の中で単語を覚えることが重要です。

## 〈問題文の訳〉

政府の税収見通しが予測より低かったので、政府は赤字国債を発行しなければならなくなりました。

―――― **おさえよう、この問題のポイント** ――――

revenue は「収入、歳入」という意味の名詞で、経済関連の英文でよく使われるためか、TOEIC にも数度出題されています。

# 第7問

★

できたら…………○
できなかったら…×

● 次の選択肢の中から正しいものを選びなさい。

Before the annual stockholders' meeting, the president assembled the lawyer, accountant ( ) auditor to ensure that all financial statistics in the annual report were accurate.

Ⓐ but

Ⓑ while

Ⓒ with

Ⓓ and

---

### 【単語の意味】

| | |
|---|---|
| **stockholder** [stákhòuldər] | 株主 |
| **assemble** [əsémbl] | 集める、招集する |
| **ensure** [enʃúər] | 確実にする、保証する |
| **financial** [fənǽnʃl] | 財務の、金融の |
| **statistics** [stətístiks] | 統計 |
| **accurate** [ǽkjərət] | 正確な |

〈1章 まずは肩慣らしの32問〉 27

〈答え〉 ④ and

〈解説〉
接続詞の問題です。
選択肢には接続詞が並んでいるので、すぐに接続詞の問題だとわかります。
語と語、句と句、節と節を結ぶのが接続詞なので、それらがどのような関係でつながっているのかを見なければなりません。
この英文の動詞は assemble で、目的語が、lawyer「弁護士」と accountant「会計士」と auditor「監査人」です。同じ概念の語が3つ並列に並んでいるので、and を入れて A, B and C という形にすればいいとすぐにわかるはずです。
語と語を結ぶ場合には、等位接続詞を使います。等位接続詞は、and、or、but なのでそれらを残し、残った接続詞の中だけで意味を考えれば、早く答えを導き出すことができます。

〈問題文の訳〉
年次株主総会の前に、社長は弁護士、会計士、監査役を集めて、年次報告書に掲載されている財務統計がすべて正確であることを確認しました。

────**おさえよう、この問題のポイント**────
同じ概念の語を3つ並べる場合には、A, B and C と、B と C の間に and を入れます。

# 第8問

★★★

●次の選択肢の中から正しいものを選びなさい。

Although I studied for the test for three months, my score was (　) bad.

Ⓐ disappointed

Ⓑ disappointing

Ⓒ disappointment

Ⓓ disappointingly

―――――【単語の意味】―――――
score [skɔ́ːr] ･････････････････････････････点数

〈答え〉Ⓓ disappointingly

### 〈解説〉

副詞の問題です。

選択肢に似たような単語が並んでいるので、品詞の問題かもしれないと考えましょう。

品詞の問題の場合、空欄の前後がヒントになることが多いです。

この問題の空欄直後の bad は形容詞です。形容詞を修飾するのは副詞なので、Ⓓの disappointingly が正解です。

TOEIC では分詞の問題で sales が主語で現在分詞の disappointing を選ばせる問題がよく出るため、選択肢に disappointing 関連の単語が並んでいると、よく考えないで disappointing を選ぶ人がいます。間違えないようにしましょう。

副詞は主に、動詞、形容詞、他の副詞、副詞句、文全体を修飾します。

品詞の問題は頻出問題ですが、中でも一番間違えやすいのが「副詞の問題」です。

### 〈問題文の訳〉

私は3か月間テスト勉強をしましたが、スコアはがっかりするほどひどいものでした。

────**おさえよう、この問題のポイント**────

bad は形容詞なので、形容詞を修飾する副詞の disappointingly を選びます。

# 第9問

★★★

●次の選択肢の中から正しいものを選びなさい。

The young and attractive sales lady at the cosmetics counter (　　) advising her customers on their purchases.

Ⓐ enjoy

Ⓑ enjoying

Ⓒ enjoyed

Ⓓ is enjoyed

---

### 【単語の意味】

**attractive** [ətræktiv] ······················ 魅力的な
**cosmetics** [kɑzmétiks] ····················· 化粧品
**customer** [kʌ́stəmər] ······················· 顧客
**purchase** [pə́ːrtʃəs] ························· 購入品、購入

## 〈答え〉 Ⓒ enjoyed

## 〈解説〉

主語と動詞の一致の問題です。

この英文の主語は、「The young and attractive sales lady」です。ということは、主語が単数ですから動詞はそれに対応した形でなければなりません。

そこで enjoys を探しますが、選択肢に enjoys はありません。時間のない中で解くため、enjoys がない場合、「おかしいなあ」と思いながら、つい Ⓐの enjoy を選んでしまうのです。そこがトリックです。

時制を過去形にすればいいのです。過去形の enjoyed であれば正解になります。

主語と動詞の一致の問題は、TOEIC 改変後は出題頻度が減りましたが、主語と動詞の一致の問題で、最近多いトリックがこの問題のように、時制をずらす方法です。

簡単な問題ですが、慣れていないと「過去形にすればいいのでは」と考えにくいのです。

## 〈問題文の訳〉

化粧品売り場にいたその若くて魅力的な女性販売員は、購入商品について顧客に助言することを楽しいと感じていました。

———— **おさえよう、この問題のポイント** ————

前置詞の at を使って主部を長くし、また正解の時制に過去形を使い、正解を意図的にわかりにくくしています。正解が見つからなければ時制を変えて考えてみましょう。

# 第10問

★★★★

できたら……………○
できなかったら…×

● 次の選択肢の中から正しいものを選びなさい。

There has been the development of a new type of automobile which uses partly gasoline and partly (　) so that pollution can be kept to a minimum.

ⓐ electric

ⓑ electricity

ⓒ electronics

ⓓ electrically

---

【単語の意味】

**development** [divéləpmənt] ……………………開発
**automobile** [ɔ́:təmoubì:l] ……………………自動車
**partly** [pá:rtli] ……………………………………部分的に
**pollution** [pəlú:ʃən] ………………………………公害、汚染
**minimum** [míniməm] ……………………………最小限

〈1章 まずは肩慣らしの32問〉 **33**

〈答え〉 Ⓑ electricity

### 〈解説〉

並立 / 並列の問題です。

この英文の場合、partly gasoline も partly (　) も、動詞 uses の目的語です。

またこれらは接続詞の and で結ばれているので、似た概念の単語が入り、かつ品詞の使い方も似ているはずです。partly gasoline は partly の後ろに gasoline と名詞が続いているので、partly (　) の空欄にも名詞が入るはずです。

新種の車の燃料として選択肢の中でガソリン以外に考えられるのは「電気」です。

したがって、Ⓑの electricity を入れれば正しい英文になります。

英文では、文章の構造を並列にしたほうがいいとされています。

並立 / 並列の問題は時々出題されますが、比較的簡単な問題が多いです。

複数の名詞（句）や動詞などが、並列に並んでいる場合、それらの形が同じであるかどうかチェックしましょう。

### 〈問題文の訳〉

ある部分ではガソリンを、また、ある部分では電気を使うことで、公害を最小限に留めることができる新しいタイプの自動車が開発されてきています。

———— **おさえよう、この問題のポイント** ————

複数の名詞（句）や動詞などが、並列に並んでいる場合、それらの形が同じであるかどうかチェックしましょう。

# 第11問

★★

できたら………○
できなかったら…×

●次の選択肢の中から正しいものを選びなさい。

The tourist wanted to have funds remitted to her in the foreign country, but the bank management was very unenthusiastic, so she complained about their reluctance in not addressing customers' (　).

Ⓐ concerning

Ⓑ to concern

Ⓒ concerns

Ⓓ be concerned

---
【単語の意味】

**remit** [rimít] ……………………………送金する
**unenthusiastic** [ʌnenθùːziǽstik] ……熱心でない
**complain** [kəmpléin] …………………不平を言う
**reluctance** [rilʌ́ktəns] ………………乗り気でないこと
**address** [ədrés] ………………………取り組む、処理する

〈1章 まずは肩慣らしの32問〉 35

### 〈答え〉 ⓒ concerns

### 〈解説〉

名詞の問題です。

空欄の直前は、複数名詞に「アポストロフィー s ('s)」のついた単語、つまり名詞の所有格です。名詞の所有格の後ろには名詞が続きます。

名詞の所有格の後ろに、動名詞や、to 不定詞や、be 動詞が続くことはないので、ⓒの concerns「関心事、懸念」が正解だとわかります。

簡単ですが時々出る問題です。この問題とは逆に、後ろの名詞をヒントに所有格の部分を選ばせる問題も時々出ます。

### 〈問題文の訳〉

その旅行者は資金を外国にいる自分のもとへ送金してほしかったのですが、銀行の業務管理者はあまり乗り気な態度を示さなかったので、旅行者は顧客の心配事への対処が怠慢だと不平を言いました。

────**おさえよう、この問題のポイント**────

名詞に「アポストロフィー s ('s)」をつけると所有格になります。名詞の所有格の後ろには名詞が続きます。

# 第12問

★★

●次の選択肢の中から正しいものを選びなさい。

You are allowed to modify all data (　　) you originally set up for your online business.

Ⓐ whom

Ⓑ what

Ⓒ that

Ⓓ where

---

### 【単語の意味】

**allow** [əláu] ·················認める、許可する
**modify** [mádəfài] ·················修正する、変更する
**originally** [ərídʒənəli] ·················もとは、元来は
**set up** ·················組立てる

〈**答え**〉 ⓒ that

〈**解説**〉

関係代名詞の問題です。

「You are allowed to modify all data.」「You originally set up the data for 〜 .」の2つの文を関係代名詞を使ってひとつの文にしている英文です。

2つ目の文の data は set up の目的語です。ですから、関係代名詞 that の目的格である「that」を使って、2つの文をひとつの文にすれば正しい英文になります。

関係代名詞の目的格の問題ですが、主格や所有格の問題に比べ、関係代名詞の目的格の問題は弱い人が多いです。問題集で練習をしましょう。

TOEIC では一部例外を除き、選択肢に which があれば that がない、that があれば which がない、という場合が大半なので、which と that の違いについては神経質になる必要はありません。

〈**問題文の訳**〉

あなたがもともとオンラインビジネス用に構築したデータすべて変更してもらってもかまいません。

———— **おさえよう、この問題のポイント** ————

「You are allowed to modify all data.」「You originally set up the data for 〜 .」の2つの文を関係代名詞を使ってひとつの文にしている英文です。関係代名詞の目的格を使えば2つの文をひとつにすることができます。

# 第13問

★★★

できたら…………○
できなかったら…×

● 次の選択肢の中から正しいものを選びなさい。

US imports grew rapidly from less than 12 percent of total world imports in 1980 to 20 percent in 1985, before (　) to 15 percent in 2000.

Ⓐ dropped

Ⓑ dropping

Ⓒ drop

Ⓓ being dropped

---
【単語の意味】

**import** [ímpɔ:rt] ……………………輸入、輸入額
**rapidly** [rǽpidli] ……………………速く、急速に
**less than** …………………………～未満の、～を下回る

〈1章　まずは肩慣らしの32問〉

〈答え〉Ⓑ dropping

〈解説〉
before と after の問題です。
before も after も「前置詞」と「接続詞」の両方の働きをするため、その英文でどちらの働きをしているのかを見極めなければなりません。この英文では before の後ろに、節（S＋V）の形が見当たりません。ということは、この before は前置詞の before ではないかと想像してください。
前置詞の後ろには名詞（句）が来ます。before の後ろに動詞の働きをするものを置きたい場合、動詞の働きをして名詞句を作るもの、つまり動名詞を入れればいいということになります。動名詞であるⒷの dropping を入れれば正しい英文になります。

〈問題文の訳〉
米国の輸入額は、1980年には全世界の輸入総額の12パーセント未満だったが、1985年には20パーセントに急増し、2000年には15パーセントに下がりました。

───── **おさえよう、この問題のポイント** ─────

before や after の後ろに空欄がある場合、その before や after が「接続詞」として使われているのか、「前置詞」として使われているのかを考えてください。
接続詞として使われている場合には後ろに節（S＋V）が、前置詞として使われている場合には、後ろに名詞（句）がきます。

# 第14問

★★★★

できたら……………○
できなかったら…×

●次の選択肢の中から正しいものを選びなさい。

The Health, Labor and Welfare Ministry is now testing the (　) of the stomach ulcer medicine which a domestic pharmaceutical company wants to manufacture.

Ⓐ materials

Ⓑ ingredients

Ⓒ chemicals

Ⓓ factors

---

【単語の意味】

**The Health, Labor and Welfare Ministry** …………厚生労働省
**test** [tést] ……………………………………………検査する
**stomach ulcer** ………………………………………胃潰瘍
**domestic** [dəméstik] ………………………………国内の
**pharmaceutical company** …………………………製薬会社
**manufacture** [mænjəfǽktʃər] ……………………製造する

〈1章　まずは肩慣らしの32問〉 **41**

〈答え〉Ⓑ ingredients

〈解説〉
単語の問題です。
単語の問題は英文を読んでその意味を考えなければならないので、文法問題に比べ時間がかかります。
厚生労働省が胃潰瘍の薬の何かを検査しているわけですから、選択肢の中で意味が通るのは ingredient「成分、原料」しかありません。
ingredient は食材の「材料」という意味でも頻繁に使われます。
最近出題された単語問題ですが、日頃から仕事でビジネス系の英文を読んでいる人とそうでない人の間に差が出る問題です。特に、製薬会社や化学会社の研究室などで仕事をしている人にとっては簡単な問題です。

〈問題文の訳〉
厚生労働省では現在、国内のある製薬会社が製造を希望している胃潰瘍の治療薬の成分を検査しているところです。

──────**おさえよう、この問題のポイント**──────
ingredient「成分、原料」という意味の名詞です。食材の「材料」という意味でも使われます。

# 第15問

★★★

●次の選択肢の中から正しいものを選びなさい。

( ) the company's wage raise proposal, the labor union representatives refused to come to the meeting.

Ⓐ Although

Ⓑ Because of

Ⓒ Despite

Ⓓ Unless

---

### 【単語の意味】

| | |
|---|---|
| wage raise | 賃上げ |
| proposal [prəpóuzl] | 提案 |
| labor union | 労働組合 |
| representative [rèprizéntətiv] | 代表者 |
| refuse [rifjú:z] | 断る、辞退する |

〈1章 まずは肩慣らしの32問〉 43

〈答え〉Ⓒ Despite

### 〈解説〉

despite と although の問題です。

空欄の後ろは「the company's wage raise proposal」と名詞句になっています。

Ⓐの Although「～にもかかわらず」とⒹの Unless「もし～でなければ」は接続詞なので後ろには節（S + V）がくるため、ここでは使えません。Ⓑの Because of「～のために」は前置詞句、Ⓒの Despite「～にもかかわらず」は前置詞で後ろには名詞句がくるのでⒷかⒸが正解だとわかります。

次に意味を考えます。コンマの前と後ろで相反する内容になっているので、Ⓒの Despite が正解だとわかります。

### 〈問題文の訳〉

会社側が賃上げを提案したにもかかわらず、労働組合の代表者たちは会議への参加を拒否しました。

────── **おさえよう、この問題のポイント** ──────

接続詞の後ろには節（S + V）がきますが、前置詞の後ろには名詞（句）がきます。

「～にもかかわらず」という意味の語を入れたい場合、後ろが節であれば、although, though, even though、後ろが名詞であれば、despite か in spite of を選びましょう。

# 第16問

★★★★★

できたら…………○
できなかったら…×

●次の選択肢の中から正しいものを選びなさい。

The president agreed to increase the budget for TV advertising, but he wondered if it was ( ) the expense.

(A) worthwhile

(B) worthy

(C) worth

(D) worthless

---

### 【単語の意味】

**budget** [bʌ́dʒət] ……………………………… 予算
**advertising** [ǽdvərtàiziŋ] ………………… 広告
**wonder** [wʌ́ndər] ……………………………… ～かどうかと思う
**expense** [ikspéns] …………………………… 支出、費用、経費

〈1章 まずは肩慣らしの32問〉 **45**

### 〈答え〉Ⓒ worth

### 〈解説〉

似かよった単語の問題です。

空欄は be 動詞の後ろで、かつ名詞の前なので、空欄には expense「支出」という名詞を修飾する形容詞が入るとわかります。また、英文の内容から「支出に値する」という意味にすればいいのでは、と想像がつきます。「支出に値する」という意味で使えるのは「worth」だけです。

難しいのは、worthwhile も形容詞で、似たような意味がありますが、「(支出に)値する」という意味では使えません。また worthy も「価値がある」という意味の形容詞ですが、後ろに of ～ing か不定詞をとるのが普通なので、ここでは使えません。ビジネス系の英文を読んでいると、「worth the expense（支出に値する）」という表現は頻繁に出てきます。選択肢の品詞も意味も似ているので、日頃からビジネス系の英文を読みなれていない人にとっては難しい問題です。

実際に TOEIC に出題されたタイプの問題です。このような問題を正解するためには、単語本でその意味だけを覚えただけでは不十分で、英文を読みながら微妙な使い方の違いを覚えなければなりません。

### 〈問題文の訳〉

社長はテレビ広告向け予算を増額することに同意しましたが、それだけの経費に見合う価値があるかどうか疑問に思いました。

―――― **おさえよう、この問題のポイント** ――――

worth は「～に値する」という意味の形容詞で、worth the expense で「支出に値する」という意味になります。worth the expense は少し難しいですが、よく使う表現です。

# 第17問

★★★

できたら…………○
できなかったら…×

●次の選択肢の中から正しいものを選びなさい。

Although it is common now, when the department store first started selling goods of its own ( ), it was a marketing revolution.

Ⓐ impression

Ⓑ brand

Ⓒ certificate

Ⓓ significance

---
### 【単語の意味】

**common** [kámən] ……………………普通の、一般的な
**goods** [gúdz] …………………………商品、品物
**marketing** [máːrkətiŋ] ………………マーケティング
**revolution** [rèvəlúːʃən] ………………革命

---

〈1章 まずは肩慣らしの32問〉 **47**

〈答え〉Ⓑ brand

〈解説〉
単語の問題です。
単語の問題は英文を読んで全体の意味を考えなければなりません。
デパートが販売を始めたという内容と、それがマーケティング革命だという内容がヒントになります。さらに空欄前に its own という表現があります。これらから考えられるのはⒷの brand しかありません。
ブランドという単語は日本語でも使われていますが、それがマーケティングで頻繁に使われるビジネス用語である、ということを知らない人が意外に多く、間違える人が思いのほか多いです。ブランディングという単語は「マーケティング」を勉強する際の一つの単元になっているくらい、マーケティング上、大きな戦略の一つです。
この数年で数回出題されました。TOEIC で問われる単語がビジネスよりのものにシフトしているので、ビジネス系の単語に慣れることが重要です。

〈問題文の訳〉
いまとなってはよくあることですが、そのデパートがはじめて自社ブランドの商品を販売し始めた時、それは一種の流通革命でした。

————おさえよう、この問題のポイント————
brand は「ブランド、銘柄」という意味で、重要なマーケティング用語にもなっており、日本語でも英語でも頻繁に使われています。

# 第18問

★★★

できたら……○
できなかったら…×

● 次の選択肢の中から正しいものを選びなさい。

The domestic sales department went far (　　) their allocated entertainment budget this year.

Ⓐ toward

Ⓑ beyond

Ⓒ around

Ⓓ across

---

### 【単語の意味】

**domestic** [dəméstik] ……………… 自国の、国内の
**allocate** [ǽləkèit] ………………… 割り当てる、配分する
**entertainment budget** ………… 接待予算

〈1章　まずは肩慣らしの32問〉 49

### 〈答え〉 Ⓑ beyond

### 〈解説〉
前置詞の問題です。
選択肢はいずれも前置詞の働きをします。どの前置詞が適切かは、空欄前後の英文を読めば想像できます。この英文の場合、空欄後の allocated entertainment budget は「割り当てられた交際費予算」という意味で、空欄直前は far「はるかに」なので、「割り当てられた交際費予算をはるかに超えた」と言いたいのだろう、と考えられます。
beyond は「〜を超えて」という意味の前置詞です。beyond に far をつけると「はるかに超えて」という意味になります。したがって beyond を選べば正しい英文になります。
パート(5)と(6)を合わせると、前置詞の問題は毎回 5 問前後出題されますが、最近はさまざまなタイプの問題が出題されます。この問題のように熟語や慣用表現の一部として使われている前置詞を問う問題の出題も多いです。

### 〈問題文の訳〉
国内営業部は、今年予算割り当て分をはるかに超える交際費を使いました。

──────**おさえよう、この問題のポイント**──────
beyond は「〜を超えて」という意味の前置詞ですが、far beyond で「はるかに超えて」という意味になり、頻繁に使われる表現です。

# 第19問

★★★★

●次の選択肢の中から正しいものを選びなさい。

Nearly 40 percent of companies think the system of lifetime employment has already started to unravel (　　) 51 percent believe the system will have to be reviewed.

Ⓐ since

Ⓑ although

Ⓒ while

Ⓓ unless

---

### 【単語の意味】

**lifetime employment** ……………終身雇用
**unravel** [ʌnrǽvl] ……………………破綻をきたす、解体する
**review** [rivjúː] ………………………見直す、再検討する

〈答え〉Ⓒ while

〈解説〉
接続詞の問題です。
語と語、句と句、節と節を結ぶのが接続詞なので、接続詞の問題では、それらがどのような関係でつながっているのかを見極めなければなりません。
この問題のように、節と節を結ぶ接続詞の問題は、英文全体を読まなければならない場合が多く、他の問題に比べ時間がかかります。この英文では、コンマまでの節と、コンマ以降の節を結ぶにはどの接続詞を入れればいいのかを考えます。
Ⓐ～Ⓓまですべて接続詞です。Ⓐの since「～なので」、Ⓑの although「～だけど」、Ⓓの unless「～でなければ」は、いずれも意味が通りません。Ⓒの while には「一方で」という意味があり、意味が通ります。

〈重要〉
接続詞の while は「一方で」という意味の他に、「～の間に」という意味もあります。
2～3年前までは「～の間に」という意味での出題が目立ちましたが、最近は「一方で」という意味での出題のほうが多かったです。しかし、ここにきて「～の間に」という意味での while も出題され始めています。

〈問題文の訳〉
40パーセント近くの企業が終身雇用制はすでにほころびかけていると考えている一方、51パーセントの企業がその制度は見直されるべきだ、と考えています。

────おさえよう、この問題のポイント────
接続詞の while には「一方で」および「～の間に」という意味があり、節と節を結びます。

# 第20問

★★★

●次の選択肢の中から正しいものを選びなさい。

The sale of a new medicine by a pharmaceutical company is (　) the strict control of the government.

Ⓐ over

Ⓑ on

Ⓒ for

Ⓓ under

---

### 【単語の意味】

**medicine** [médəsn]……………………………………薬
**pharmaceutical company** ……………………………製薬会社
**strict** [stríkt] …………………………………………厳しい

### 〈答え〉 ④ under

### 〈解説〉

熟語の問題です。

under the control of 〜で「〜の支配を受けて、〜の管理下にある」という意味でよく使われる慣用表現です。

ある程度英語に接している人は、簡単に察しがつくはずです。英語に多く接していると語感が鍛えられ、前置詞や動詞に何が適しているか上手に察しをつけられるようになります。

under warranty「保証期間中で」や under pressure「圧力を受けて」など、under を使った慣用表現は他にも出題されています。

熟語や慣用表現の一部として使われている前置詞を問う問題はよく出ます。

どの表現にどの前置詞が使われるかは、英文を読みながらマスターしましょう。

### 〈問題文の訳〉

製薬会社による新薬の販売は、政府の厳しい管理下にあります。

────**おさえよう、この問題のポイント**────

under the control of 〜で「〜の支配を受けて、〜の管理下にある」という意味でよく使われる慣用表現です。

# 第21問

★★★★

●次の選択肢の中から正しいものを選びなさい。

The ( ) stock market in China offers many opportunities, but at the same time contains many hidden risks.

Ⓐ expansion

Ⓑ expanding

Ⓒ expanded

Ⓓ expand

---

### 【単語の意味】

**stock market** ……株式市場
**offer** [ɔ́fər] ……提供する
**opportunity** [ὰpərtú:nəti] ……機会
**contain** [kəntéin] ……含む
**hidden** [hídn] ……隠された

〈1章 まずは肩慣らしの32問〉 55

### 〈答え〉Ⓑ expanding

### 〈解説〉
現在分詞の問題です。
分詞には現在分詞（〜ing）と過去分詞（〜ed）があります。両方とも形容詞的に用いられます。
分詞の使い方としては、修飾する「名詞の前にくる」用法と、「名詞の後ろにくる」用法があります。名詞の前にくるのは分詞に修飾語がつかない場合です。この英文の場合は、修飾する名詞の前にくる用法です。
分詞は形容詞の働きをするので名詞を修飾します。現在分詞は「〜している、〜する」という意味になり、過去分詞は「〜された、〜される」という意味になる場合が多いので、訳してみればどちらが正解なのかわかります。
空欄の前後を訳してみると「拡大している株式市場」と、「〜している」と訳せます。ですから、現在分詞の「expanding」が正解です。
expand の派生語はビジネス系の英文で頻繁に使われます。日頃からビジネス系の英文を読んでいる人にとっては見ただけで解ける簡単な問題です。

### 〈問題文の訳〉
拡大しつつある中国の株式市場は数多くのビジネスチャンスを与えてくれますが、同時に多くの隠れたリスクもあります。

───**おさえよう、この問題のポイント**───

「〜している、〜する」なのか、「〜された、〜される」なのか、分詞が修飾する名詞を中心に訳してみましょう。「している、〜する」の場合は現在分詞を、「〜された、〜される」の場合は過去分詞を選びましょう。

# 第22問

★★★

できたら…………○
できなかったら…×

● 次の選択肢の中から正しいものを選びなさい。

The department store sale has many good bargains but unfortunately the prices are valid ( ) only one day and I cannot shop on that day.

Ⓐ with

Ⓑ as

Ⓒ on

Ⓓ for

------【単語の意味】------

**bargain** [bá:rgən] ……………………安い買い物、掘り出し物
**unfortunately** [ʌnfɔ́:rtʃənətli] …… 不運にも、残念ながら
**valid** [vǽlid] …………………………有効な

〈1章 まずは肩慣らしの32問〉 **57**

〈答え〉 ⓓ for

〈解説〉

前置詞の問題です。

「valid」は「有効な」という意味の形容詞です。ビジネス関連の文章などでよく使われる単語なので、TOEIC でもリスニング、リーディングセクションともに時々出てきます。

「〜日間有効な」という場合には valid の後ろに for がきます。

valid for 〜 は、特に製品の保証期間や何かの有効期間を表わす場合に使うことが多く、覚えておくと日常生活でも便利に使えます。

熟語や慣用表現の一部として使われる前置詞を問う問題は、よく出ます。

〈問題文の訳〉

そのデパートのセールには多くの掘り出し物がありますが、残念なことにその価格は1日しか有効ではなく、私はその日に買い物をすることができません。

────**おさえよう、この問題のポイント**────

「〜日間有効な」と言う場合には、「有効な」という意味の形容詞 valid の後ろに前置詞の for を付けて、valid for 〜 の形で使います。

# 第23問

★★

できたら…………○
できなかったら…×

● 次の選択肢の中から正しいものを選びなさい。

Because the electorate gave him a large margin over the opposition, the French president felt that he could choose his cabinet members ( ).

Ⓐ his

Ⓑ by himself

Ⓒ him

Ⓓ oneself

---
【単語の意味】

**electorate** [ilέktərət] ……………………選挙民、有権者
**margin** [mά:rdʒin] …………………………差、開き
**opposition** [àpəzíʃən] ……………………対抗者、ライバル
**cabinet member** ……………………………大臣、閣僚

〈答え〉 Ⓑ by himself

## 〈解説〉

代名詞の問題です。

by oneself「自分で、独力で」という意味になり、TOEICにも時々出る熟語です。

oneselfは再帰代名詞といい、代名詞の一種です。この英文の場合、主語が自らそうするという意味なので、oneselfは主語と同じ人称になります。

この英文の主語はFrench presidentですから、正解はhimselfを使ったby himselfです。

代名詞の問題は毎回数問ずつ出題されます。代名詞の問題は簡単な問題が多いですが、間違えやすい問題の一つが再帰代名詞の問題です。「by oneself」以外にも、byのない「oneself」を問う問題も時々出ます。by oneself、byのないoneself、ともに覚えておきましょう。

## 〈問題文の訳〉

選挙民から対立候補を大きく上回る票を獲得したため、フランス大統領は内閣官僚を自分ひとりで選べると思いました。

────**おさえよう、この問題のポイント**────

by oneselfで、「自分で、独力で」という意味で使われます。簡単な問題ですが頻出問題です。

# 第24問

★★★

できたら………○
できなかったら…×

●次の選択肢の中から正しいものを選びなさい。

The aggressive and talented CFO has been ( ) as the successor of the CEO of the leading furniture company.

Ⓐ designating

Ⓑ designation

Ⓒ designate

Ⓓ designated

---

### 【単語の意味】

**aggressive** [əgrésiv] ……………………積極的な、攻撃的な
**talented** [tǽləntid] ……………………才能がある
**CFO** ………(Chief Financial Officer の略) 最高財務責任者
**successor** [səksésər] ……………………後任者
**leading** [líːdiŋ] ……………………主要な

〈1章 まずは肩慣らしの32問〉 61

### 〈答え〉 ⒟ designated

### 〈解説〉
受動態の問題です。
空欄の直前が be 動詞になっています。
主語と動詞の関係を考えれば、「積極的で才能のある CFO が指名された」という意味になると想像できるので、受動態の英文にすればいいとわかります。be 動詞の後ろだからという理由で、能動態（進行形）の designating を選ぶ人がいます。受動態なのか、能動態（進行形）なのかを問う問題はよく出ます。間違えないようにしましょう。

### 〈ヒント〉
受動態は他動詞の目的語が主語になるため、もとの英文に目的語が 2 つある第 4 文型の英文（S+V+O+O）を除けば目的語がありません。「目的語があれば能動態、なければ受動態」も確認の一つのポイントです。

### 〈問題文の訳〉
その積極的で才能のある CFO（最高財務責任者）が、大手の家具会社の CEO（最高経営責任者）の後任として指名されました。

──────**おさえよう、この問題のポイント**──────

受動態関連の問題はよく出ます。形は「be 動詞＋過去分詞」です。
急いで解くため、間違って進行形を選ぶ人がいます。主語と動詞の意味上の関係を考えましょう。

## 第25問

★★★★

●次の選択肢の中から正しいものを選びなさい。

The sales convention which we will attend next month is in a hall (　　) the hotel where we will stay.

Ⓐ next

Ⓑ close

Ⓒ against

Ⓓ near

---

**【単語の意味】**

**convention** [kənvénʃən] ……………………会議、集会
**attend** [əténd] ……………………………………出席する、参加する

〈1章　まずは肩慣らしの32問〉 63

## 〈答え〉 Ⓓ near

## 〈解説〉

near の問題です。

英文を読んで意味を考えれば、我々が参加する販売会議が開かれる場所が滞在するホテルに「近い」、という意味にすればいいと想像できます。

この問題で迷うのは、next、close、near と、正解になりそうな単語が選択肢に複数あることです。

next は「隣の」「隣に」という意味、close は「近い」という意味、「near」は「近い」という意味です。英文を読みなれていない人にとってはどれも正しいと思えてしまうのです。

「〜に近い」と言う場合、next も close も、next to 〜、close to 〜と後ろに to を付けなければなりません。near であれば to を付ける必要がなく、Ⓓの near が正解となります。

最近出題されたタイプの問題ですが、一種のトリック問題です。

## 〈問題文の訳〉

来月私たちが出席する販売会議は、宿泊するホテルの近くにあるホールで行なわれます。

──────**おさえよう、この問題のポイント**──────

near は「近い」という意味の形容詞です。形容詞なので後ろには名詞がきます。

# 第26問

★★★★★

できたら…………○
できなかったら…×

●次の選択肢の中から正しいものを選びなさい。

The most recent round of ( ) for university seniors seeking jobs were held at the city convention center.

Ⓐ interview

Ⓑ interviewers

Ⓒ interviewed

Ⓓ interviews

---
【単語の意味】

**a round of** ……………………………………一連の
**interview** [íntərvjùː] ……………………………面接
**seek** [síːk] …………………………………………探し求める
**convention** [kənvénʃən] …………………………会議、集会

---

〈1章 まずは肩慣らしの32問〉 **65**

### 〈答え〉 Ⓓ interviews

### 〈解説〉
名詞の問題です。
空欄直前の round of が大きなヒントになります。a round of は「一連の」という意味の慣用表現でよく使われます。
空欄は前置詞 of の直後で、かつ空欄直前も前置詞です。ですから空欄には名詞が入るということは簡単にわかります。
TOEIC は時間のない中で急いで解くため、多くの人がⒶの interview を選んでしまいます。
Ⓓに interview の複数形の interviews があることを見落としてしまいます。
a round of が「一連の」という意味だということを考えれば、複数形の interviews が正解だということがわかります。
実際に最近出題されたタイプのトリック問題です。高得点者を間違わせようと作成された問題です。トリックにひっかからないように、選択肢はすべてチェックをしましょう。
Ⓑの interviewers も名詞ですが、人を表わすのでここでは意味が通りません。

### 〈問題文の訳〉
就職活動中の大学4年生を対象としたもっとも最近の就職面接会は、市の会議場で行なわれました。

———— **おさえよう、この問題のポイント** ————
a round of は「一連の」という意味の慣用表現です。「一連の」という意味を考えれば、後ろには単数名詞ではなく複数名詞がくることがわかります。

# 第27問

★★★★

●次の選択肢の中から正しいものを選びなさい。

The testimonial ( ) thanks for his contribution to the corporation over the 35 years of his working career.

Ⓐ said

Ⓑ told

Ⓒ expressed

Ⓓ appreciated

---

### 【単語の意味】

**testimonial** [tèstəmóuniəl] ……………………賞状、表彰状
**contribution** [kàntribjú:ʃən] ……………………貢献、寄付
**career** [kəríər] ……………………………………経歴、職業

### 〈答え〉 Ⓒ expressed

### 〈解説〉
単語の問題です。
単語の問題は英文を読んで全体の意味を考えなければなりません。
said も told も expressed もどれでも使えそうな気がする、と感じる人も多いでしょう。
しかし、ここで使えるのは、expressed のみです。
express thanks で「謝意を述べる、謝意を表わす」という意味になります。
頻繁に使う表現なので、日頃から仕事などで英語に接する機会の多い人は瞬時にわかる問題です。
パート(5)だけでなく、パート(6)でも出題されたことがある単語です。パート(6)は顧客に出す手紙やメール文が多いので、手紙やメールで頻繁に使われる表現が出ることが多いです。

### 〈問題文の訳〉
その表彰状は、彼の35年間におよぶ会社への貢献に対する謝意が述べられていました。

────── **おさえよう、この問題のポイント** ──────

express thanks で「謝意を述べる、謝意を表わす」という意味になり、手紙やメールで頻繁に使われます。

# 第28問

★★★

●次の選択肢の中から正しいものを選びなさい。

Your proposal will be received (　　) by the authorities than the original proposal if you make the suggested alterations.

(A) enthusiasm

(B) more enthusiastically

(C) enthusiastic

(D) enthusiastically

---

### 【単語の意味】

**proposal** [prəpóuzl] ……………………………提案
**enthusiastically** [enθù:ziǽstikəli] ………熱狂的に、熱心に
**authorities** [əθɔ́:rətiz] …………………………当局
**suggest** [sʌgdʒést] ……………………………提案する
**alteration** [ɔ̀:ltəréiʃən] ………………………変更、改変

〈1章 まずは肩慣らしの32問〉 69

〈答え〉 Ⓑ more enthusiastically

## 〈解説〉

比較級の問題です。
比較級の問題はいろいろな形で出題されます。
主な比較構文は、
(a) as 〜 as (「as + (形容詞/副詞の) 原級 + as」)
(b) 比較級 + than
(c) less + 原級 + than
の3つです。
最近よく出るのは、(a)と(b)の構文です。(b)の構文が出題される場合には、than が比較級から少し離れていることが多く、比較級だということをうっかり見逃してしまう場合があります。
この英文は、比較級と than の間に、3語 (by the authorities) 入っているのでつい than を見逃してしまい、Ⓓの enthusiastically を選んでしまいがちです。
トリック問題です。比較級の問題だと気付きにくくさせるため、than をすぐ後ろに置いていないと考えてください。比較級の問題は時々出ます。簡単な問題なので、トリックにひっかからないことが大事です。

## 〈問題文の訳〉

提案された変更を行なえば、あなたの企画書は最初のものに比べて、当局により熱烈に受け入れられるでしょう。

―――― **おさえよう、この問題のポイント** ――――

出題される主な比較構文の一つが「比較級 + than」です。
比較級と than を少し離している場合もあるので、少し後ろまでチェックしましょう。

# 第29問

★★★

●次の選択肢の中から正しいものを選びなさい。

The automobile company exhibited its (　　) models in the history of the company.

Ⓐ more expensive

Ⓑ expensive

Ⓒ most expensive

Ⓓ less expensive

---

### 【単語の意味】

**automobile** [ɔ́:təmoubì:l] ……………………自動車
**exhibit** [igzíbit] …………………………………展示する
**model** [mádl] ……………………………………型、モデル

### 〈答え〉Ⓒ most expensive

### 〈解説〉
最上級の問題です。

空欄の後に、「会社の歴史の中で」という最上級の場合に使う表現があります。

英文の意味を考えても、もっとも高いモデル、と最上級にすれば意味が通ります。

ということは、空欄には形容詞の最上級であるⒸの most expensive を入れれば正解となります。

最上級で使う冠詞の the がないので間違える人もいますが、代名詞（ここでは its）と冠詞は一緒に使えないため冠詞が使われていません。間違わせようと狙って作成された問題です。ひっかからないように気をつけましょう。

### 〈問題文の訳〉
その自動車会社は、自らの歴史の中でもっとも高額のモデルを展示しました。

──────**おさえよう、この問題のポイント**──────

空欄の少し後ろの in がヒントになり、最上級の英文だと判断できます。

冠詞と代名詞を一緒に使うことができないため、最上級ですが冠詞の the が使われていません。

# 第30問

★★★

できたら………○
できなかったら…×

●次の選択肢の中から正しいものを選びなさい。

The stock room had difficulty in procuring (　) supplies.

Ⓐ bearable

Ⓑ competent

Ⓒ satisfactory

Ⓓ sufficient

---

### 【単語の意味】

stock room ……………………………ストックルーム、備品室
have difficulty in ～ing ……………～するのが大変である
procure [prəkjúər] ……………………調達する
supply [səplái] …………………………備品

〈答え〉 Ⓓ sufficient

### 〈解説〉

単語の問題です。

単語の問題は英文を読んで意味を考えなければなりません。空欄の前では、調達するのが難しいと言っており、空欄の後ろでは「備品を」と言っているので、「〜な備品を調達するのが難しい」の「〜」にあたる部分に何が入るかを考えればいいとわかります。

空欄の後ろは supplies という名詞なので、空欄には名詞を修飾する形容詞が入りますが、選択肢はすべて形容詞です。意味を考えれば、「十分な」という意味の形容詞である sufficient を入れればいいとわかります。

Ⓐの bearable は「我慢できる」、Ⓑの competent は「有能な」、Ⓒの satisfactory は「十分な」という意味ですが、ここでは使えません。

sufficient は簡単な単語ですが、最近のテストに数度出題されている重要な単語です。

### 〈問題文の訳〉

ストックルームでは十分な備品を調達するのに苦労していました。

────**おさえよう、この問題のポイント**────

sufficient は「十分な」という意味の形容詞です。

# 第31問

★★★

●次の選択肢の中から正しいものを選びなさい。

The Japanese government stepped up efforts to support the yen (　) share prices fell sharply on fears that domestic economic growth is weakening.

Ⓐ due to

Ⓑ as

Ⓒ despite

Ⓓ unless

---

### 【単語の意味】

| | |
|---|---|
| step up | 増す、増大させる |
| share price | 株価（= stock price） |
| fear [fíər] | 懸念、心配、恐怖 |
| economic growth | 経済成長（率） |
| weaken [wíːkn] | 弱くなる |

〈1章　まずは肩慣らしの32問〉75

〈答え〉Ⓑ as

〈解説〉

接続詞の問題です。

接続詞の問題は、英文を読んで、語と語、句と句、節と節がどのような関係でつながっているかを考えなければなりません。

この問題は、節と節を結ぶ接続詞の問題です。

この英文の場合、空欄前までの内容と、空欄後の節の内容がどのような関係なのかを考えればいいわけです。

「～だから、～なので」という意味の接続詞である as を入れれば、「株価が下がったので日本政府は円を買い支えた」となり英文の意味が通ります。

接続詞の as は、since や because と同じで「～だから、～なので」という意味です。

Ⓐの due to は前置詞句なので、後ろが名詞（句）の場合には使えますが、後ろが節の場合には使えません。Ⓒの despite「～にもかかわらず」は意味が逆で、後ろに節は続きません。Ⓓの unless は「～でなければ」という意味なので、ここでは使えません。

〈問題文の訳〉

国内の経済成長率が鈍化しているという懸念材料によって株価が急落したため、日本政府は円の買い支えを強化しました。

────**おさえよう、この問題のポイント**────

接続詞の問題は、英文を読んで、語と語、句と句、節と節がどのような関係でつながっているかを考えなければなりません。接続詞の as は、since や because と同じで「～だから、～なので」という意味で、後ろには節（S + V）がきます。

# 第32問

★★★

できたら……………○
できなかったら…×

●次の選択肢の中から正しいものを選びなさい。

The gas company is negotiating for the acquisition of a gas company in (　) state.

Ⓐ another

Ⓑ other

Ⓒ others

Ⓓ other's

---
【単語の意味】

**negotiate** [nigóuʃièit] ……………………交渉する、協議する
**acquisition** [æ̀kwizíʃən] ……………………買収
**state** [stéit] ……………………州

〈1章　まずは肩慣らしの32問〉

### 〈答え〉 Ⓐ another

### 〈解説〉

another の問題です。

「another」は「もう一つの、別の」という意味の形容詞で、後ろには単数名詞がきます。一方「other」は「その他の」という意味で後ろに複数名詞がきます。

この英文の場合、空欄の後ろに「state」という単数名詞がきているので、「another」であれば正しい英文になります。

「another+単数名詞」、「other+複数名詞」と覚えておきましょう。

in another three years「あと3年で」のように another の後ろに複数名詞がくる使い方も例外としてありますが、TOEIC に出題されているのは、「another+単数名詞」です。

### 〈問題文の訳〉

そのガス会社は他の州にあるガス会社を買収しようと交渉しています。

──────**おさえよう、この問題のポイント**──────

another の後ろには単数名詞がきますが、other の後ろには複数名詞がきます。

**読むだけでスコアアップ！**

# 最近のリーディングセクションの傾向

　改変前から、パート(5)の半分は熟語を含む語彙問題で、文法問題のみを勉強しても点数がとりにくいテストに変わっていました。

　最近では、語彙問題を除く残り半分の文法問題も、みかけは文法問題であっても、例えば「適切な意味の副詞を選ぶ問題」とか「慣用表現の一部の前置詞を問う問題」など、語彙問題に近い文法問題も多く、久々に受けた人は純粋な意味での文法問題の少なさに驚くのではないかと思います。

　また、語彙問題も、ビジネスで使う表現や経済系の新聞や会計レポートなどで使われる表現に関する語彙問題の占める割合が増えてきているため、「難しくなったなあ」と感じる人が多いと思います。

　語彙問題は繰り返し出題されるものも少なくはありませんが、一度出題されて終わり、というものもあり、なかなか問題集に組み入れにくいため、大半の問題集は文法問題が中心です。ということは、問題集ばかり解いていても出題数の増えている語彙問題には対処できないので、かなり

**読むだけでスコアアップ！**

英語力のある人、普段からビジネス系の英文を多量に読んでいる人を除けば、「勉強をしているけどできないのはなぜ？」と悩んでいる人が多いようです。

語彙問題はその語彙を知らなければできませんが、文法問題では出題される問題のパターンはある程度決まっているので、学習をすれば必ずとれます。

文法問題をおさえたうえで、あるいは同時並行的に、日頃からビジネス系の英文を読む習慣を身につけることが重要です。

私は650点以上の人にはインターネットで無料の「FT（ファイナンシャルタイムズ）」を読むように勧めています。650点以下の人は、自分と同業種で英文サイトがすぐれている会社のホームページから、企業業績に関する記事を見つけて読むなど、身の丈にあった記事を探してください。企業の業績レポートであれば、同じ内容の日本語と英語が掲載されています。

インターネットで検索できる無料の「日経ウィークリー」の記事であれば日本語訳も掲載されています。

大事なことは、毎日決まった量の英文を読むことです。

# 2章

## がんばれ、がんばれ

# 34問

# 第1問

★★★★

できたら………○
できなかったら…×

●次の選択肢の中から正しいものを選びなさい。

( ) the sale of the land to the major hotel chain is completed, construction of the new resort hotel will commence.

(A) While

(B) Since

(C) Until

(D) Once

----【単語の意味】----

**complete** [kəmplíːt] ……………完成する、完了する
**construction** [kənstrʌ́kʃən] …………建設
**commence** [kəméns] ……………開始する

〈2章 がんばれ、がんばれ34問〉 83

〈答え〉 ⒟ Once

### 〈解説〉

接続詞 once の問題です。

once には接続詞と副詞があり、接続詞は「いったん〜すると、〜するやいなや」という意味です。

副詞は「かつて、いったん」という意味です。

この英文は節（S + V）と節（S + V）を結んでいるので、接続詞を入れなければならないということがわかります。選択肢はすべて接続詞なので、それぞれの接続詞の意味を考えなければなりません。

While「一方で、〜の間」、Since「〜だから、〜して以来」、Until「〜するまで」ではこの英文の意味が通りませんが、「いったん〜すると」という意味の Once であればこの英文の意味が通ります。

この1〜2年は、副詞の once ではなく、「いったん〜すると」という意味の接続詞の once のほうが頻繁に出題されています。その意味では大事な問題です。

### 〈問題文の訳〉

その大手ホテルチェーンに対する土地売却が完了すれば、すぐに新しいリゾートホテルの建設が始まります。

────**おさえよう、この問題のポイント**────

once には接続詞と副詞があり、接続詞は「いったん〜すると、〜するやいなや」、副詞は「かつて、いったん」という意味です。最近よく出題されているのは、接続詞の once です。

# 第2問

★★★

できたら………○
できなかったら…×

●次の選択肢の中から正しいものを選びなさい。

Increase in complaints from customers may be because they may not (　　) the precautions printed on the instruction sheet.

Ⓐ has seen

Ⓑ have seen

Ⓒ had seen

Ⓓ having seen

---

### 【単語の意味】

**increase** [ínkri:s] ……………………………増加
**complaint** [kəmpléint] ……………………苦情、不平
**precautions** [prikɔ́:ʃən] …………………予防策、用心
**print** [prínt] ………………………………印刷する
**instruction** [instrʌ́kʃən] …………………指示

〈2章 がんばれ、がんばれ34問〉 85

### 〈答え〉 Ⓑ have seen

### 〈解説〉
助動詞＋動詞の原形の問題です。
助動詞の後ろには動詞の原形がきます。ですからⒷの have seen が正解です。
TOEIC を受けなれていない人にとっては、まさか、と思うような簡単な問題ですが、時々出ます。簡単な問題で考えすぎて余計な時間を使わないようにしましょう。
問題自体は簡単ですが、この問題のように助動詞の後ろに否定語の not/never や、副詞を入れたりして、わざと問題のポイントに気付きにくくさせている場合も多いので、気をつけましょう。

### 〈問題文の訳〉
顧客の苦情が増加しているのは、顧客が指示シートに印刷されている注意事項を見ていなかったからでしょう。

――――― **おさえよう、この問題のポイント** ―――――
「助動詞の後ろには動詞の原形」がきます。問題自体は簡単ですが、助動詞と動詞の間に、not や never のような否定語や副詞を入れて問題のポイントをわかりにくくしていることが多いので、注意が必要です。

# 第3問

★★★★

できたら……○
できなかったら…×

●次の選択肢の中から正しいものを選びなさい。

The government announced an increase in taxes for the fourth (　) year which caused a strong negative reaction from the public.

Ⓐ following

Ⓑ relative

Ⓒ consecutive

Ⓓ consequent

---
### 【単語の意味】

**increase** [ínkriːs] ……………………………増加
**tax** [tæks] ………………………………………税金
**cause** [kɔ́ːz] ……………………………………引き起こす
**reaction** [riǽkʃən] ……………………………反応
**the public** ………………………………一般の人々、公衆

〈2章 がんばれ、がんばれ34問〉 87

### 〈答え〉ⓒ consecutive

### 〈解説〉

単語の問題です。

単語の問題は英文を読んで全体の意味を考えなければなりません。

この問題では、空欄前後の fourth と year がヒントになり、ⓒの consecutive「連続した」が正解だとわかります。

会計関連のレポートを読んでいると、「〜期連続して黒字で」とか、「〜年連続して赤字で」などのような表現が頻繁に出てきます。その時に使われるのがこの consecutive という単語なので、日頃から仕事でアニュアルレポートなどを読んでいる人にとっては簡単な問題です。

consecutive を問う問題は最近出題されましたが、過去にも出題されています。

会計関連の単語や表現は時々出題されます。特に最近は語彙問題でビジネス系の単語や表現の出題が増えています。読む機会の少ない人は意識をしてビジネス系の英文を読むようにしましょう。

### 〈問題文の訳〉

政府は4年連続の増税を発表しましたが、それにより、国民から強い反対の声が起きました。

──────**おさえよう、この問題のポイント**──────

consecutive は「連続した」という意味の形容詞で、会計関連のレポートなどで、「〜期連続して黒字で」とか「〜年連続して赤字で」などのような表現で頻繁に使われる単語です。

# 第4問

★★★

できたら……………○
できなかったら…×

●次の選択肢の中から正しいものを選びなさい。

(　　) I was away on the business trip to New York, my wife was hospitalized because her kidneys had failed.

Ⓐ During

Ⓑ Unless

Ⓒ In

Ⓓ While

---

### 【単語の意味】

business trip ……………………………………出張
be hospitalized …………………………………入院する
kidney [kídni] …………………………………腎臓

〈2章　がんばれ、がんばれ34問〉 **89**

### 〈答え〉① While

### 〈解説〉
接続詞の問題です。
while も during も「〜の間に」という意味ですが、during は前置詞なので後ろが名詞（句）の場合に、while は接続詞なので後ろが節「S（主語）+ V（動詞）」の場合に使います。
この問題の場合、空欄の後ろには節が続いているので、While が正解です。
主語を省略し、動詞を ing 形にした while 〜 ing の形や、主語と be 動詞を省略した while on duty「勤務中に」の形での出題も過去にはありましたが、最近は出ていません。

### 〈重要〉
接続詞の while には、対比を表わす「一方では」という意味もあり、この意味での while を問う問題もよく出ます。「〜の間に」と「一方では」両方の意味を覚えましょう。

### 〈問題文の訳〉
私が出張でニューヨークに行っている間に、妻は腎臓が悪くなり入院しました。

――――おさえよう、この問題のポイント――――
while も during も「〜の間に」という意味ですが、during は前置詞なので後ろが名詞（句）の場合に、while は接続詞なので後ろが節「S（主語）+ V（動詞）」の場合に使います。

# 第5問

★★★★

●次の選択肢の中から正しいものを選びなさい。

Because air pollution has become a global concern, many governments are more aware of fuel ( ) in their country.

Ⓐ utility

Ⓑ appliance

Ⓒ containment

Ⓓ consumption

---

### 【単語の意味】

**air pollution** ……………………………………大気汚染
**global** [glóubl] ……………………………………世界的な
**concern** [kənsə́:rn] ………………………………懸念、関心事
**aware** [əwéər] ……………………………………気が付いて、知って
**fuel** [fjú:əl] …………………………………………燃料

〈2章 がんばれ、がんばれ34問〉 91

〈答え〉 Ⓓ consumption

### 〈解説〉

単語の問題です。

単語の問題は英文を読んで全体の意味を考えなければなりません。

この英文では、大気汚染の懸念があるから、多くの国の政府が「燃料〜」に意識を向けている、と言っています。大気汚染を減らすために「fuel 〜」を意識すると言えば「fuel 〜」は「燃料消費量」しかありません。

燃料消費量であればⒹの consumption「消費、消費量」が正解です。

fuel consumption は「燃料消費量、燃費」という意味で頻繁に使う単語です。

パート(5)の半分以上が熟語を含む語彙問題です。日頃から多くの英文を読むようにし、その中で単語の使い方や意味を覚えるようにしましょう。

### 〈問題文の訳〉

大気汚染が世界的な関心事となっているため、多くの政府はこれまで以上に国内での燃料消費について意識しています。

―――― **おさえよう、この問題のポイント** ――――

fuel consumption は「燃料消費量、燃費」という意味で頻繁に使われる単語です。

# 第6問

★★★★

できたら……○
できなかったら…×

●次の選択肢の中から正しいものを選びなさい。

The young businessman found that he could not do a good job at work unless he made (　) use of his time.

(A) efficacy

(B) efficiently

(C) efficiency

(D) efficient

---
【単語の意味】

at work ……………………………………………… 職場で、仕事場で

### 〈答え〉 ④ efficient

### 〈解説〉

形容詞の問題です。

選択肢に似た形の単語が並んでいるので品詞の問題ではないかと考えます。

空欄の前は made という動詞で、空欄からピリオドまでが動詞の目的語になっています。

ということは、空欄直後の use は動詞ではなく名詞の use だということです。

名詞を修飾するのは形容詞なので、形容詞である④の efficient「効率的な」を入れれば正しい英文になります。

TOEIC は時間のない中で急いで解くため、きちんと見ないで空欄直後の use を間違って動詞の use だと考えた人は副詞の efficiently を選ぶはずです。

make use of ～は「～を使う、利用する」という意味で頻繁に使われる表現なので、英文を読みなれている人は use は名詞だと瞬時にわかるはずです。

### 〈参考〉

形容詞の efficient や名詞の efficiency は単語の問題として出題されることもあります。

### 〈問題文の訳〉

その若いビジネスマンは、時間を有効に使わないと職場でいい仕事ができないことに気づきました。

―――**おさえよう、この問題のポイント**―――

名詞を修飾するのは形容詞です。use は名詞と動詞の両方がありますが、この問題では名詞の use が使われています。

# 第7問

★★★★

できたら…………○
できなかったら…×

●次の選択肢の中から正しいものを選びなさい。

She saved much money and although unmarried, bought an expensive one-bedroom apartment for (　).

Ⓐ her own

Ⓑ hers

Ⓒ herself

Ⓓ she

---
【単語の意味】

save [séiv]……………………………………蓄える、貯蓄する
unmarried [ʌnmǽrid]……………………独身の

〈2章 がんばれ、がんばれ34問〉 95

〈答え〉Ⓒ herself

〈解説〉

代名詞の問題です。

選択肢を見れば代名詞の問題だとわかります。

彼女が彼女自身のために買った、という意味なのだろうと想像できますが、Ⓐの her own とⒸの herself の間で迷うはずです。

「for her own」とは言えません。for her own を使う場合は、own の後ろに名詞が来ます。

この英文では空欄の後ろに名詞がきてないので使えません。

したがって、正解は再帰代名詞の herself だとわかります。

herself であれば英文の意味も通ります。

herself は「彼女自身」という意味の再帰代名詞です。再帰代名詞とは self がつく代名詞のことで「～自身」という意味になります。

Ⓑの hers は「彼女のもの」という意味の所有代名詞ですがここでは使えません。

Ⓓの she は主格なので、前置詞 for の後ろには使えません。

代名詞の問題は大半が簡単な問題ですが、この問題は少し難しいです。

〈問題文の訳〉

彼女はお金をたくさん貯め、未婚でしたが自力で高級ワンルームマンションを買いました。

―――― **おさえよう、この問題のポイント** ――――

for oneself で「独力で、自分のために」という意味になります。

# 第8問

★

できたら………○
できなかったら…×

● 次の選択肢の中から正しいものを選びなさい。

The combination of insufficient supply ( ) rising demand typically results in an increase in commodity prices.

Ⓐ while

Ⓑ and

Ⓒ because

Ⓓ but

---
【単語の意味】

**combination** [kàmbənéiʃən] ……………組合せ
**insufficient** [ìnsəfíʃənt] ………………不十分な
**supply** [səplái] ……………………………供給
**demand** [dimǽnd] ………………………需要
**result in** ……………………………………～という結果になる
**commodity price** …………………………物価

〈2章 がんばれ、がんばれ 34 問〉 97

〈答え〉Ⓑ and

〈解説〉

接続詞の問題です。

空欄の前は、insufficient supply「不十分な供給」と名詞句になっています。

空欄の後も、rising demand「高まりつつある需要」と名詞句になっています。

insufficient supply と rising demand の組み合わせが、物価の上昇をまねく結果となっているわけですから、「～と…」の「と」にあたる接続詞の「and」を入れれば正しい英文になります。

語と語、句と句、節と節を結ぶのが接続詞なので、接続詞の問題では、それらがどのような関係でつながっているのかを見極めなければなりません。

語と語、句と句を結ぶのは等位接続詞です。主な等位接続詞は、and、but、or なのである程度あたりをつけることができます。

〈問題文の訳〉

供給不足と需要の高まりが重なると、概して物価の上昇を招く結果となります。

―――― おさえよう、この問題のポイント ――――

語と語、句と句を結ぶのは等位接続詞です。この問題では名詞句と名詞句を結ぶものを選べばいいので等位接続詞を選びます。等位接続詞の and、but、or のいずれかです。

同じような概念のものを結んでいる場合には and を選びます。

# 第9問

★★★

●次の選択肢の中から正しいものを選びなさい。

Mr. Johnson turned down the suggestion because he said that only (　　) of the regular customers would buy the product.

Ⓐ a few

Ⓑ a little

Ⓒ much

Ⓓ many

---
### 【単語の意味】

**turn down** ……………………………………退ける、断る
**suggestion** [səgdʒéstʃən] ……………………提案
**regular customer** ……………………………常連客

〈答え〉Ⓐ a few

〈解説〉

可算名詞を修飾する単語の問題です。

of の後ろが the regular customers と可算名詞の複数形になっています。

ということは、空欄に入る語は、複数名詞を修飾できるものでなければなりません。

したがって、Ⓑの a little と、Ⓒの much は選べません。

Ⓓの many も only many では使えません。

Ⓐの a few が正解です。a few of ～「いくつかの～」は頻繁に使われる表現です。

この問題は、可算/不可算名詞関連の問題の中では少しだけ難しい問題です。

可算名詞や不可算名詞を修飾する単語の問題はさまざまな形で出題されます。

〈問題文の訳〉

ジョンソン氏は、ほんの一部の常連客しかその商品を買わないだろうという理由で、その提案を退けました。

───**おさえよう、この問題のポイント**───

a few of ～で「いくつかの～」という意味になります。of に続く語が可算名詞なのか不可算名詞なのかをチェックしましょう。可算名詞の前には little や much は使えません。

# 第10問

★★★★

できたら…………○
できなかったら…×

●次の選択肢の中から正しいものを選びなさい。

The automobile company spent much money to develop safe tires so that it would not have to bear ( ) for accidents caused by faulty manufacture of tires.

Ⓐ liability

Ⓑ duty

Ⓒ warranty

Ⓓ tendency

---

### 【単語の意味】

| | |
|---|---|
| **develop** [divéləp] | 開発する |
| **bear** [béər] | (責任を) 持つ、耐える |
| **faulty** [fɔ́:lti] | 不完全な、欠陥のある |
| **manufacture** [mæ̀njəfǽktʃər] | 製造、製品 |

〈2章 がんばれ、がんばれ 34 問〉 **101**

〈答え〉 Ⓐ liability

〈解説〉

単語の問題です。

単語の問題は英文を読んで全体の意味を考えなければなりません。

空欄の後ろは「タイヤの製造ミスによって引き起こされる事故」で、その事故に対して動詞 bear「持つ」の目的語として入る単語は、Ⓐの liability「責任」しかありません。

bear liability で「責任を負う」という意味になります。

Ⓑの duty「職務」、Ⓒの warranty「保証書」、Ⓓの tendency「傾向」ではいずれも英文の意味が通りません。

liability は名詞ですが、形容詞の liable「責任を負うべき」を使った熟語 be liable for ～「～の責任を負う」を問う問題として出題されることもあります。

〈参考〉

responsibility も「責任」という意味ですが、法的な責任を表わす場合には liability を使います。

〈問題文の訳〉

その自動車会社は、欠陥タイヤの製造が原因で事故が発生し、その法的責任を負わなければならなくなるという事態にならぬよう、多額の資金を使って安全タイヤを開発しました。

──────**おさえよう、この問題のポイント**──────

liability は「責任」という意味の名詞です。法的な責任を表わす場合に用いビジネスでも頻繁に使います。形容詞の liable を使った熟語、be liable for ～「～の責任がある」も重要な表現なので、一緒に覚えましょう。

# 第11問

★★★★

できたら…………○
できなかったら…×

●次の選択肢の中から正しいものを選びなさい。

The New York Times (　) provides the weather forecast for the metropolitan area in its morning edition.

Ⓐ formally

Ⓑ permanently

Ⓒ traditionally

Ⓓ routinely

---

### 【単語の意味】

provide [prəváid] ……………………………提供する、与える
weather forecast ……………………………天気予報
metropolitan area ……………………………首都圏、大都市圏
morning edition ……………………………朝刊

〈2章 がんばれ、がんばれ 34 問〉 103

〈答え〉 Ⓓ routinely

〈解説〉

適切な意味の副詞を選ぶ問題です。

選択肢はすべて副詞なので、どれを入れるべきかは意味を考えて判断します。

ニューヨークタイムズが朝刊に大都市圏の天気予報を載せている、と言っているので動詞 provide を修飾し意味が通るためには、routinely「いつも決まって」しかありません。

Ⓐの formally「正式に」、Ⓑの permanently「永遠に」、Ⓒの traditionally「伝統的に」では意味が通りません。

さまざまな意味の副詞が選択肢に並び、その中から適切な意味の副詞を選ぶという問題は頻繁に出題されます。いろいろな副詞が出題されますが、routinely も数回出題されています。

適切な副詞を選ぶ問題が出る場合、以前は「現在完了とともに使う副詞」が出ることが多く比較的簡単でしたが、最近はさまざまな時制の英文が使われ、いろいろな副詞を入れさせる問題が増えました。routinely は過去に数度出題されています。

〈問題文の訳〉

ニューヨークタイムズは、朝刊に大都市圏の天気予報を毎日掲載しています。

——————おさえよう、この問題のポイント——————

routinely は「いつも決まって」という意味の副詞です。

# 第12問

★★

できたら…………○
できなかったら…×

●次の選択肢の中から正しいものを選びなさい。

( ) necessary steps will be taken by the planning department to make the marketing department a success so that profits for the corporation will double within two years.

Ⓐ Almost

Ⓑ All

Ⓒ Much

Ⓓ Every

------------【単語の意味】------------

**step** [stép] ……………………………………手段
**profit** [práfət] …………………………………利益
**double** [dʌ́bl] …………………………………2倍になる

〈2章 がんばれ、がんばれ34問〉 105

〈答え〉Ⓑ All

〈解説〉
可算名詞を修飾する単語の問題です。
空欄の後ろには、(necessary) steps という可算名詞の複数形が続いています。
選択肢の中で可算名詞の複数形を修飾できるのは all だけです。almost は副詞なので名詞を修飾することはできません。問題のポイントに気付きにくくさせようと、steps の前に steps を修飾する形容詞の necessary を置いています。惑わされないようにしましょう。

〈重要〉
all は可算名詞の複数形を修飾することも、不可算名詞を修飾することもできます。
不可算名詞を修飾する問題として出題されることもあるので、両方の使い方を覚えましょう。

〈問題文の訳〉
2年以内に会社の利益が2倍になるよう、マーケティング部を成果の上がる部門にするためのあらゆる必要な手段が、企画部によって講じられることでしょう。

────**おさえよう、この問題のポイント**────
空欄の後ろの steps は可算の複数名詞です。可算の複数名詞を修飾できるのは選択肢の中では all しかありません。

# 第13問

★★★★★

●次の選択肢の中から正しいものを選びなさい。

The government ministry has established a new ( ) for those who would like to have a statement of their credits in the national retirement pension fund.

Ⓐ proceedings

Ⓑ proceeds

Ⓒ proceed

Ⓓ procedure

---

### 【単語の意味】

**ministry** [mínəstri] ……………………省庁、省
**establish** [istǽbliʃ] ……………………設立する、制定する
**statement** [stéitmənt] ………………計算書、報告書
**credit** [krédit] …………………………貸付金額
**retirement** [ritáiərmənt] ……………退職
**pension fund** …………………………年金基金

〈答え〉 ⓓ procedure

〈解説〉

単語の問題です。

空欄の前が、冠詞、形容詞と続いているので、空欄には形容詞が修飾する名詞が入ることがわかります。したがって動詞の proceed「進む、続ける」は間違いだとわかります。

残る3つはすべて名詞なので意味を考えなければなりません。空欄前を読めば「省庁は新しい手順を作った」という意味になればいい、ということがわかります。

「手順」はⓓの procedure です。procedure はパート(5)でも出ますが、リスニングセクションやリーディングセクションの他のパートでもよく使われる単語です。

間違いの選択肢の単語もそれぞれ重要で、すべて過去のテストに出題されたことがあります。

proceedings「議事録」、proceeds「収益」、proceed「進む」ともに、ここで一緒に覚えましょう。

〈問題文の訳〉

その省庁では、国民退職年金基金制度において自分がいくらもらえるかが明記された計算書をほしいという人たちのために、新たな手続を定めました。

————おさえよう、この問題のポイント————

procedure は「手順」という意味の名詞です。パート(5)では空欄箇所以外でも問題文に develop procedure という表現が時々使われます。

# 第14問

★★★★★

できたら………○
できなかったら…×

●次の選択肢の中から正しいものを選びなさい。

The stock market is now so inflated that economic analysts predict that the market is poised ( ).

Ⓐ crashing

Ⓑ to crash

Ⓒ crashed

Ⓓ crash

---

### 【単語の意味】

stock market ･････････････････ 株式市場
**inflate** [infléit] ･････････････････ 膨らませる、つり上げる
economic analyst ･･････････････ 経済評論家
**predict** [pridíkt] ･････････････････ 予測する
**poised** [pɔ́izd] ･････････････････ 態勢が整っている

〈2章　がんばれ、がんばれ 34 問〉 109

### 〈答え〉 Ⓑ to crash

### 〈解説〉

熟語の問題です。

他動詞の poise は、be poised to ～と受動態で使われることが多く、「～する用意ができている」という意味になり、to の後ろには動詞の原形がきます。ですから、Ⓑの to crash が正解です。

英語を読みなれていない人には難しい表現ですが、経済関連の記事やレポートを読んでいると頻繁に目にする表現です。
実際に出題された慣用表現ですが、この問題のように最近は、ビジネスで頻繁に使われている表現や単語を問う問題が増えています。高得点を狙う人はビジネス関連の記事やレポートを読むことが大事です。
近年、少しずつ出題語彙の傾向がビジネス系のものにシフトしてきている、ということを頭に入れておきましょう。

### 〈問題文の訳〉

現在、株式市場の暴騰が激しいので、経済アナリストらは市場がいつ崩壊してもおかしくない状態になると予測しています。

────**おさえよう、この問題のポイント**────

他動詞の poise は、受動態で使われることが多く、be poised to ～で「～する用意ができている」という意味になります。

# 第15問

★★

●次の選択肢の中から正しいものを選びなさい。

Mr. Brown is one of the board members who will vote for the new proposal because (　) believes in it.

Ⓐ they

Ⓑ he

Ⓒ those

Ⓓ his

---

### 【単語の意味】

**board member** ……………………………………取締役
**vote** [vóut] ………………………………………投票する
**proposal** [prəpóuzl] ……………………………提案

〈答え〉 Ⓑ he

〈解説〉

代名詞の問題です。
選択肢はいずれも代名詞です。正答の可能性として残るのは、Mr. Brown を受けたⒷの he か、board members を受けたⒶの they のどちらかですが、意味を考えると両方ともありえそうです。この英文の場合、空欄の後ろの動詞が believes になっているので空欄に入る代名詞は 3 人称単数扱いのもので、かつ主格のものでなければならないことがわかります。
正解はⒷの he です。
代名詞は毎回数問ずつ出題されます。
主な出題のパターンは、格を問う問題、指すものが何かを問う問題、再帰代名詞関連の問題などです。

〈問題文の訳〉

ブラウン氏は、新しい提案が正しいと信じており、それに賛成票を投じる取締役の一人です。

────**おさえよう、この問題のポイント**────

代名詞が指すものは何かを問う問題では、空欄の前に名詞が 2 つ以上ある場合が多いので、英文を読んでどの名詞を指すのか、その名詞は単数か複数かなどに注意しましょう。

# 第16問

★★★★★

できたら……○
できなかったら…×

●次の選択肢の中から正しいものを選びなさい。

( ) much on research, the company set the price of its product at a high level in order to gain a larger return on its initial outlay.

Ⓐ Having spent

Ⓑ Spending

Ⓒ Spent

Ⓓ Had spent

---

### 【単語の意味】

**set** [sét] ……………………………………(値を) つける
**product** [prάdəkt] ……………………………製品
**return** [ritə́ːrn] ………………………………収益
**initial** [iníʃl] …………………………………初期の、最初の
**outlay** [áutlèi] ………………………………支出、経費

〈2章 がんばれ、がんばれ 34 問〉 **113**

## 〈答え〉Ⓐ Having spent

## 〈解説〉

分詞構文の問題です。

この問題文のコンマまでを分詞構文を使わないで書くと Because the company had spent much money on research, the company set the price 〜 . となります。

従属節（コンマまで）の主語が主節（コンマ以下）の主語の the company と同じなので主語を省略し、かつ接続詞も省略して副詞のように主節を修飾させて分詞構文を作ります。この英文の場合、従属節（コンマまで）が、主節（コンマ以下）の動詞よりも前に起きたことを言っています。時制にズレがある場合、分詞部分を having + 過去分詞の形にします。したがって上の英文を分詞構文を使って書くと、Having spent much money on research, the company set the price 〜 . となります。ですからⒶの Having spent が正解となります。

TOEIC 改変以降、時々分詞構文の問題が出題されるようになりました。それもこの問題のように、少し難しい「時制にズレがある場合の分詞構文」や「受動態の分詞構文」などが実際に出題されています。

## 〈問題文の訳〉

研究に多額の資金を投じたので、その会社では当初の支出額に対する利益率を上げるために、その製品の価格を高く設定しました。

———— **おさえよう、この問題のポイント** ————

分詞構文では、従属節（コンマまで）の主語と主節（コンマ以下）の主語が同じ場合には従属節の主語を省略し、かつ接続詞も省略して副詞のように主節を修飾させて分詞構文を作ります。時制にずれがある場合、分詞構文では、分詞部分をhaving + 過去分詞の形にします。

# 第17問

★★

できたら………○
できなかったら…×

●次の選択肢の中から正しいものを選びなさい。

Annual negotiations (　) a pay raise took place between the labor union and management yesterday.

Ⓐ to

Ⓑ regarding

Ⓒ with

Ⓓ entitled

---

### 【単語の意味】

| | |
|---|---|
| **annual** [ǽnjuəl] | 毎年の、例年の |
| **negotiation** [nigòuʃiéiʃən] | 交渉 |
| **pay raise** | 賃上げ |
| **take place** | 行なわれる、開催される |
| **labor union** | 労働組合 |
| **management** [mǽnidʒmənt] | 経営(陣)、経営者 |

〈2章 がんばれ、がんばれ34問〉 115

### 〈答え〉 Ⓑ regarding

### 〈解説〉
前置詞の問題です。
前置詞 regarding は「〜に関して」という意味で、頻繁に使われる前置詞です。
日頃から英語に接している人にとっては簡単な問題ですが、このような問題の場合、わからなければ消去法で選ぶのも一つの方法かと思います。
「to」と「with」がなんとなく使えなさそうなのはわかるかと思います。
となると、残った「regarding」か「entitled」のどちらかということになります。entitled は、「be entitled to 〜」で「〜の権利がある」という意味になります。
また、regarding と同じ意味の前置詞で concerning があります。regarding に比べると出題頻度は下がりますが、concerning を問う問題も時々出題されます。
一緒に覚えましょう。

### 〈問題文の訳〉
例年恒例の労使間の賃上げ交渉が昨日行なわれました。

———— **おさえよう、この問題のポイント** ————
regarding は「〜に関して」という意味の前置詞です。
全く同じ意味で同じ使い方をする前置詞の concerning が出題されることもあります。

# 第18問

★★★

●次の選択肢の中から正しいものを選びなさい。

Japanese companies are still collapsing in close to record numbers, reflecting Japanese banks' aggressive (　) of support from their most troubled borrowers.

Ⓐ withdraw

Ⓑ withdrawing

Ⓒ withdrawal

Ⓓ withdrawn

---
### 【単語の意味】

| | |
|---|---|
| **collapse** [kəlǽps] | つぶれる、崩れる |
| **close to** | 〜に近い |
| **reflect** [riflékt] | 反映する |
| **aggressive** [əgrésiv] | 積極的な |
| **borrower** [bɔ́rouə] | 借り手 |

〈2章 がんばれ、がんばれ34問〉 117

### 〈答え〉Ⓒ withdrawal

### 〈解説〉
名詞の問題です。
空欄の直前に置かれた単語 aggressive は「積極的な」という意味の形容詞です。形容詞が修飾するのは名詞です。ですから aggressive の後ろには名詞が続かなければなりません。
名詞はⒸの withdrawal「撤退」です。
名詞の問題は品詞の問題の中ではもっとも簡単です。必ず正解しましょう。

### 〈参考〉
withdrawal の動詞は withdraw で、「撤退する」という意味になります。
ビジネス関連の英文では「撤退する」という意味で使われることのほうが多いですが、一般の会話では「(お金を) 引き出す」という意味で使われることのほうが多いです。

### 〈問題文の訳〉
日本の銀行が破綻懸念先企業から強引に支援を撤退していることを反映して、依然として過去最高に迫る数の企業が倒産しています。

────**おさえよう、この問題のポイント**────

形容詞が修飾するのは名詞です。形容詞の後ろは名詞、と覚えておきましょう。

# 第19問

★★★

●次の選択肢の中から正しいものを選びなさい。

M&A activity is expected to speed up among smaller companies ( ) deregulation introduces greater competition into the Japanese market.

(A) though

(B) since

(C) while

(D) unless

---

### 【単語の意味】

**activity** [æktívəti] ……………………………活動
**expect** [ikspékt] ………………………………予期する、期待する
**deregulation** [di:règjəléiʃən] ……………規制緩和
**introduce** [ìntrədú:s] ………………………導入する、紹介する
**competition** [kàmpətíʃən] ………………競争

〈2章 がんばれ、がんばれ34問〉 119

〈答え〉Ⓑ since

〈解説〉

接続詞の問題です。

接続詞の問題は、英文を読んで、語と語、句と句、節と節がどのような関係でつながっているのかを考えなければなりません。この英文の場合、節（S + V）と節（S + V）がどのようにつながっているのかを考えます。

接続詞の since は、because や as と同じで「～だから、～なので」という意味です。

ですから、空欄に since を入れれば「規制緩和により日本市場での競争が激化するので、M&A が加速する見通しだ」になり、英文の意味が通じます。

Ⓑの since が正解です。

since は、because や as と同じ意味なので、since、because、as が選択肢として一つの問題に一緒に出ることはありません。接続詞の since は時々出ます。

〈問題文の訳〉

規制緩和により、日本市場での競争が激化するので、小規模企業の合併や買収が加速する見通しです。

———**おさえよう、この問題のポイント**———

接続詞の since は、because や as と同じで、「だから」という意味があります。「だから」という意味の because や as は知っていても since は知らないという人がいます。この3つの中では since の出題頻度が一番高いです。

# 第20問

★★★

●次の選択肢の中から正しいものを選びなさい。

Mr. Tanaka spent much time (　　) studying for the TOEIC exam because his company had a stipulation of higher TOEIC scores for promotion.

Ⓐ for

Ⓑ at

Ⓒ in

Ⓓ with

---
**【単語の意味】**

**stipulation** [stìpjəléiʃən] ……………………………………規定
**promotion** [prəmóuʃən] ……………………………………昇進

〈2章　がんばれ、がんばれ34問〉 121

### 〈答え〉Ⓒ in

### 〈解説〉

前置詞の問題です。

「…に（時間を）費やす」という場合、spend ～ in…という言い方をします。

前置詞の問題はパート(5)と(6)を合わせると、毎回5問前後出題されます。

最近は、さまざまな種類の問題が出題されますが、この問題のように、「熟語や慣用表現の一部として使われる前置詞を問う」問題は頻繁に出題されます。

日頃から英文を読むようにし、その中でそれぞれの前置詞の使い方を覚えましょう。

### 〈問題文の訳〉

昇進するためには TOEIC の点数を上げなければならないという規定が会社にあるので、田中氏は TOEIC テストの勉強に多くの時間を費やしました。

────**おさえよう、この問題のポイント**────

「…に（時間を）費やす」という場合には前置詞の in を使い、spend ～ in…と言います。

# 第21問

★★★★

できたら………○
できなかったら…×

● 次の選択肢の中から正しいものを選びなさい。

All athletes (　) sixty days of camp training by the end of July.

Ⓐ will have completed

Ⓑ complete

Ⓒ have completed

Ⓓ will be completed

---
【単語の意味】

**athlete** [ǽθliːt]……………………………………運動選手

---

〈2章 がんばれ、がんばれ34問〉 **123**

**〈答え〉** Ⓐ will have completed

## 〈解説〉

未来完了の問題です。

未来完了形は、未来のある時点での動作の完了や継続を表わす時に使います。

この問題の場合、未来のある時点（7月の終わりまで）の動作である「強化合宿」の完了を表わした英文です。未来完了形の場合、後ろに「by」や「in」などを使って未来のある時点を示した表現があるので、その表現に注意すれば簡単です。

英文の形は「will＋現在完了形」なので、Ⓐが正解です。

## 〈問題文の訳〉

すべての運動選手は、7月末までに60日間の強化合宿を終えることになります。

――――**おさえよう、この問題のポイント**――――

未来のある時点を指す表現があれば、「未来完了かな」と考えてください。

未来完了の形は「will＋現在完了形」です。

# 第22問

★★★

●次の選択肢の中から正しいものを選びなさい。

Companies will have to increase production to ( ) strong consumer demand in the coming months.

Ⓐ seek

Ⓑ take

Ⓒ meet

Ⓓ show

---

【単語の意味】

consumer demand ……………………………消費需要
coming [kʌ́miŋ] ………………………………来るべき、今後の

〈2章 がんばれ、がんばれ34問〉 **125**

### 〈答え〉 ⓒ meet

### 〈解説〉
適切な意味の動詞を選ぶ問題です。

「～に応じる」という場合、動詞の meet を使います。英文全体を読めば、この英文の空欄の前後は「強い消費需要に応じるために」という内容の英文になればいい、ということが容易に想像できます。「応じる」という意味の動詞の meet は、meet demand「需要に応じる」、meet requirements「要望に合わせる」、meet deadline「締め切りに合わせる」など、さまざまな表現に用いられます。

適切な意味の動詞を選ぶ問題では、少し前までは、meet、take、make、conduct などを使った表現の出題が大半でしたが、最近はさまざまな動詞が出題されるようになっています。

いずれにしてもビジネスで使われる表現が多いので、日頃からビジネス系の英文を読む習慣を身につけるといいでしょう。

### 〈問題文の訳〉
企業は、今後数ヶ月のうちに、高い消費需要に応えるため、生産を増加しなければならなくなるでしょう。

────**おさえよう、この問題のポイント**────
「～に応じる」という場合、meet demand と動詞の meet を使います。meet を使った重要な表現としては他に、meet requirements や meet deadline などがあります。

## 第23問

★★★★

●次の選択肢の中から正しいものを選びなさい。

The board of directors decided to reward the CEO ( ) a large bonus for his outstanding performance that year.

Ⓐ for

Ⓑ to

Ⓒ at

Ⓓ with

---

### 【単語の意味】

**board of directors** ……………取締役会
**reward** [riwɔ́ːrd] ……………………報いる
**outstanding** [àutstǽndiŋ] ………傑出した、顕著な、優れた
**performance** [pərfɔ́ːrməns] ……業績

## 〈答え〉 ⓓ with

## 〈解説〉

前置詞の問題です。

選択肢を見ると前置詞が並んでいるので、前置詞を選ぶ問題だとわかります。

前置詞の問題のヒントは空欄の前後にあることが多いです。

「…したことに対して〜で報いる」と言う場合には、reward with 〜 for…を使います。

この英文では、〜にあたるのが a large bonus で、…にあたるのが his outstanding performance です。

したがって前置詞の with を入れれば正しい英文になります。

うっかり for を選ばないようにしましょう。for は、報酬の対象になる行為を表わします。

前置詞の問題は毎回 5 問前後出題されます。最近はさまざまな使い方を問われるので、多くの英文を読む習慣をつけ、英文を読みながら感覚で覚えるといいでしょう。

## 〈問題文の訳〉

取締役会は CEO に対し、その年に彼が残した目覚ましい実績への見返りとして、多額の賞与を出すことにしました。

―――**おさえよう、この問題のポイント**―――

reward with 〜 for…で「〜したことに対して…で報いる」という意味になります。

# 第24問

★★

できたら…………○
できなかったら…×

●次の選択肢の中から正しいものを選びなさい。

It takes ( ) five days for mail to go from Japan to America, but it takes seven days for mail to go from America to Japan.

Ⓐ approximate

Ⓑ approximating

Ⓒ approximately

Ⓓ approximation

---
【単語の意味】

**take** [téik] ……………………………………(時間を) 必要とする
**mail** [méil] ……………………………………郵便物

〈2章　がんばれ、がんばれ34問〉 **129**

## 〈答え〉 ⓒ approximately

## 〈解説〉

副詞の問題です。

選択肢に似た形の語が並んでいるので、品詞の問題かもしれないと考えましょう。

空欄直後の five「5 つの」は形容詞です。形容詞を修飾するのは副詞なので、副詞のⓒ approximately「約、およそ」が正解です。

approximately は about と同じ意味で、数字の前で使われることが多いです。

ここでは品詞問題として扱われていますが、語彙問題として出題されることも多いです。

approximately は頻出問題なので、品詞問題として出題されても、語彙問題として出題されてもできるようにしましょう。

## 〈問題文の訳〉

郵便物が日本からアメリカへ届くのにおおよそ 5 日かかりますが、アメリカから日本へ届くのには 7 日かかります。

―――――**おさえよう、この問題のポイント**―――――

空欄直後の five は形容詞なので、形容詞を修飾する副詞の approximately を入れれば正しい英文になります。approximately は語彙問題としてもよく出ます。

# 第25問

★★

●次の選択肢の中から正しいものを選びなさい。

In America, the written test and road test requirements for the driver's license vary from state ( ) state.

Ⓐ to

Ⓑ through

Ⓒ over

Ⓓ up

---

### 【単語の意味】

**requirement(s)** [rikwáiərmənt] ……… 必要条件、必要品
**vary** [véəri] ……… 変わる、異なる
**state** [stéit] ……… 州

### 〈答え〉 Ⓐ to

### 〈解説〉

前置詞の問題です。

この英文の動詞である、vary がヒントになります。vary は、「vary from ～ to…」で、「～によって異なる」という意味でよく使われる熟語です。

空欄の前に vary from があるので、「vary from ～ to…」という表現の一部を問う問題ではないかと考えてください。

パート(5)と(6)を合わせると、前置詞の問題は毎回 5 問前後出題されます。

前置詞の問題は問題集で練習することも大事ですが、最近の出題傾向を考えると、日頃から多くの英文を読むようにし、その中で使い方を覚えることがより重要になっています。

熟語や慣用表現の一部に使われている前置詞を問う問題は、よく出ます。

### 〈問題文の訳〉

アメリカでは、運転免許取得のための筆記試験と路上試験における必要条件は州ごとに異なります。

──── **おさえよう、この問題のポイント** ────

「vary from ～ to…」は「～によって異なる」という意味で、よく使われる熟語です。

# 第26問

★★★★

●次の選択肢の中から正しいものを選びなさい。

( ) during the war, people were able to purchase luxury goods at the black market.

Ⓐ Quite

Ⓑ Although

Ⓒ About

Ⓓ Even

---

### 【単語の意味】

**purchase** [pə́ːrtʃəs] ……………………………………購入する
**luxury** [lʌ́gʒəri] ……………………………………贅沢な、高級な

〈2章 がんばれ、がんばれ34問〉 133

### 〈答え〉 ⒹEven

### 〈解説〉

副詞 even の問題です。

空欄直後の during the war「戦争中に」は副詞句です。副詞句を修飾するのは副詞です。

Ⓑの although「〜にもかかわらず」は接続詞、Ⓐの quite「かなり」とⒸの about「およそ」は副詞ですが、空欄直後の during「〜の間」と意味がつながりません。

Ⓓの Even「〜でさえ」を入れれば、「戦争中でさえ」と意味が通ります。

副詞の問題は毎回数問ずつ出題されるので動詞や形容詞を修飾する副詞問題には慣れてはいても、「副詞句を修飾する副詞の問題」には慣れていない人が多いです。このような問題は、まずは品詞で考えて、該当する品詞が複数ある場合には次に意味で考え、意味の通るものを選びましょう。

### 〈問題文の訳〉

戦時中でさえ、闇市ではぜいたく品を買うことができました。

―――**おさえよう、この問題のポイント**―――

during the war「戦争中に」は副詞句です。副詞句を修飾するのは副詞です。

選択肢の中に副詞が3つあるので、その中で英文の意味が通るものを選びましょう。

# 第27問

★★★

できたら…………○
できなかったら…×

●次の選択肢の中から正しいものを選びなさい。

The precious metal company was interested in expanding into the South American market, but was faced with the reality of a (　) of funds.

Ⓐ storage

Ⓑ sum

Ⓒ shortage

Ⓓ budget

---
### 【単語の意味】

precious metal ……………………………貴金属
expand [ikspǽnd] ………………………拡大する
be faced with ……………………………～に直面する
fund [fʌ́nd] ………………………………資金

〈2章　がんばれ、がんばれ34問〉 135

### 〈答え〉 ⓒ shortage

### 〈解説〉

熟語の問題です。

空欄の少し後ろが fund「資金」で、空欄前が「現実に直面して」という意味の英文です。

これらがつながって、英文の意味が通るためには、shortage「不足」という単語を入れればいいということがわかります。

a shortage of 〜は「〜が不足して」という意味で、よく使われる慣用表現です。

shortage は品詞問題として出題されることもあります。また、形容詞の short を使った慣用表現で、be a shortage of 〜と同じ意味の表現である be short of 〜が出題されたこともあります。

### 〈問題文の訳〉

その貴金属会社は南米市場進出に関心がありましたが、資金不足という現実に直面していました。

———— おさえよう、この問題のポイント ————

a shortage of 〜は「〜が不足して」という意味で、よく使われる慣用表現です。

名詞は shortage「不足」ですが、形容詞は short「不足した」です。

## 第28問

★★★

できたら……………○
できなかったら…×

●次の選択肢の中から正しいものを選びなさい。

Although the author was given one year in which to complete his book, he was able to finish ( ) of the schedule agreed upon with the publisher.

Ⓐ ahead

Ⓑ behind

Ⓒ above

Ⓓ upon

---
【単語の意味】

**author** [ɔ́:θər] ……………………………著者、作家
**complete** [kəmplí:t] ……………………完成する、仕上げる
**agree** [əgrí:] ……………………………同意する
**publisher** [pʌ́bliʃər] ……………………出版社

〈2章 がんばれ、がんばれ34問〉 **137**

〈答え〉Ⓐ ahead

〈解説〉

熟語の問題です。

ahead of schedule で「予定より早く」という意味で、頻繁に使われる慣用表現です。

この英文の意味を考えれば、「予定より早く」か、「予定より遅れて」のどちらかだとわかります。

「予定より遅れて」という場合には、Ⓑの behind を使いますが、その場合には前置詞の of が後ろにくることはなく、behind schedule と言います。

この英文の場合、空欄の後ろに前置詞の of が付いているので、「予定より早く」という表現の ahead of schedule が正解だとわかります。

ahead of schedule も behind schedule も覚えておけば仕事で使えて便利です。

TOEIC には ahead of schedule「予定より早く」も、behind schedule「予定より遅れて」も両方とも出題されています。

〈問題文の訳〉

その著者は著書を仕上げるまでに1年という時間をもらいましたが、出版社と同意したスケジュールより早く仕上げることができました。

———— おさえよう、この問題のポイント ————

ahead of schedule は「予定より早く」という意味で、頻繁に使われる慣用表現です。

「予定より遅れて」という場合には前置詞の of が後ろに付かず、behind schedule と言います。

# 第29問

★★★★

できたら……○
できなかったら…×

●次の選択肢の中から正しいものを選びなさい。

After years of keeping notebook computer assembly in-house in Japan, (　) all the major producers are now relying to some degree on Taiwanese contract manufacturers.

Ⓐ most

Ⓑ most of

Ⓒ almost

Ⓓ almost of

---

### 【単語の意味】

| | |
|---|---|
| **assembly** [əsémbli] | 組み立て |
| **in-house** | 社内の、組織内の |
| **producer** [prədúːsər] | 生産者 |
| **rely** [rilái] | 頼る、当てにする |
| **to some degree** | ある程度 |
| **contract manufacturer** | 委託製造者 |

〈2章 がんばれ、がんばれ34問〉 **139**

### 〈答え〉 ⓒ almost

### 〈解説〉

almost と most の問題です。

almost も most も同じような意味ですが、almost は副詞、most は名詞と形容詞です。

この英文の場合、空欄の後ろの all は形容詞です。形容詞を修飾するのは副詞なので、副詞の almost を選べばいい、ということになります。

most は名詞と形容詞の両方がありますが、名詞として使われているとすると「most of the ＋ 名詞」の形になるはずで、形容詞として使われているとすると、後ろに名詞がこなければなりません。ですからここでは most は選べません。

「almost」と「most」の使い方は間違える人が多いので、注意が必要です。

### 〈問題文の訳〉

長年ノート型パソコンの組み立てを自社で行なってきましたが、今や日本の主要メーカーの大半が、ある程度、台湾のメーカーに生産を委託しています。

———— **おさえよう、この問題のポイント** ————

almost も most も意味は似ていますが、almost は副詞、most は名詞と形容詞です。

all は形容詞なので形容詞を修飾する副詞の almost を使います。

# 第30問

★★★★

できたら………○
できなかったら…×

● 次の選択肢の中から正しいものを選びなさい。

As a ( ) of membership in the designer brand shop, members receive a designer brand product once a year.

Ⓐ favor

Ⓑ interest

Ⓒ account

Ⓓ benefit

---

### 【単語の意味】

**membership** [mémbərʃip]
　　………………… (団体などの) 一員であること、会員の身分
**brand** [brǽnd] ……………………………ブランド、銘柄、商標
**product** [prάdəkt] ……………………………製品

〈2章 がんばれ、がんばれ 34 問〉 141

〈答え〉Ⓓ benefit

〈解説〉
単語の問題です。
単語の問題は英文を読んで全体の意味を考えなければなりません。
ブランド店の会員であることで1年に1度そのブランドの製品をもらえるわけですから「会員であることの特典として」という英文にすればいいと想像できます。Ⓓの benefit であれば「特典、利点、メリット」という意味があるので、英文全体の意味が通ります。
語彙問題は、英文全体を読まなければならないので、文法の問題に比べると解答に時間がかかります。
名詞としての benefit を選ぶ問題として出題されたこともありますが、動詞としての benefit を使った慣用表現 benefit from ～「～から恩恵を受ける」の from を問う問題としても出題されています。

〈問題文の訳〉
ブランドショップの会員の特典として、会員は年に1度デザイナーブランド商品をもらえます。

―――― **おさえよう、この問題のポイント** ――――

benefit は「特典、利点、メリット」という意味の名詞で頻繁に使う単語です。
benefit には動詞もあり、「利益を得る」という意味です。

# 第31問

★★★★★

できたら………○
できなかったら…×

●次の選択肢の中から正しいものを選びなさい。

If ABC Communication had cut the international call rate earlier, it (　　) a place in the highly competitive market.

Ⓐ would have won

Ⓑ would win

Ⓒ have won

Ⓓ will win

---
【単語の意味】

win a place ………………………………… 勝ち残る
competitive market ……………………… 競争の激しい市場

---

〈2章 がんばれ、がんばれ34問〉 **143**

〈答え〉 Ⓐ would have won

### 〈解説〉

仮定法過去完了の問題です。

仮定法の中でも、出題頻度が高いのは仮定法過去完了です。

仮定法過去完了は、過去の事実に反することをいう場合に使います。

形は、条件節（if の後ろ）は動詞の過去完了形、帰結節（コンマの後ろ）は助動詞の過去形＋動詞の現在完了形です。

この英文の、条件節（if の後ろ）を見ると「had cut」と動詞の過去完了形になっているので、仮定法過去完了だとわかります。したがって、帰結節（コンマの後ろ）は、「助動詞の過去形＋動詞の現在完了形」の「would have won」にすれば正しい英文になります。

If をとって、助動詞と動詞を倒置させる Had I known 〜 . の形で問われることもあります。

意味はまったく同じです。

仮定法の問題は TOEIC 改変以降出題頻度が下がり、ここ最近はあまり出題されていません。

しかし、過去に頻繁に出ていた問題なので、忘れた頃に出題される可能性はあります。

### 〈問題文の訳〉

ABC コミュニケーション社がもっと早く国際通話料金の値下げをしていたら、競争の厳しい市場で勝ち残れたでしょう。

―――――**おさえよう、この問題のポイント**―――――

過去の事実に反することをいう場合に「仮定法過去完了」を使います。

条件節（if の後ろ）は「動詞の過去完了形」、帰結節（コンマの後ろ）は「助動詞の過去形＋動詞の現在完了形」です。

# 第32問

★★★★

●次の選択肢の中から正しいものを選びなさい。

After the research was stolen, the supervisor made entrance rules ( ).

Ⓐ strictly

Ⓑ strictness

Ⓒ stricter

Ⓓ strictest

---

### 【単語の意味】

**research** [rí:sə̀:*r*tʃ] ……………………研究
**stolen** [stóulən] ……………………steal「盗む」の過去分詞
**supervisor** [sú:pərvàizər] …………監督者、上司

### 〈答え〉 ⓒ stricter

### 〈解説〉

make + 目的語 + 形容詞の問題です。

文節は、make の後ろに目的語がきてその後ろに補語がくる、「make + O + C」の文型です。

補語には形容詞がくる場合が多いです。

選択肢の中で形容詞を探すと、比較級の stricter と、最上級の strictest しかありません。

最上級の strictest はここでは意味が通りませんが、比較級の stricter であれば意味が通るのでⓒが正解です。

この問題が難しいのは、目的語の後ろが通常の形容詞ではなく、形容詞 strict の比較級になっている点です。比較級になってはいても形容詞だということに気付いてください。

このような表現は英文ではよく使われるため、普段から英文を読みなれている人は一瞬でわかります。

### 〈問題文の訳〉

研究が盗まれて以降、監督者は入室ルールをより厳しくしました。

———— **おさえよう、この問題のポイント** ————

「make + 目的語 + 補語（形容詞）」で「～を…にする」という意味になります。

形容詞の部分が比較級になっていても形容詞だと気付いてください。

# 第33問

★★★

できたら…………○
できなかったら…×

●次の選択肢の中から正しいものを選びなさい。

(　　) spiraling inflation in Mexico, the government was unable to find satisfactory measures to combat it.

Ⓐ Though

Ⓑ Despite of

Ⓒ Nevertheless

Ⓓ In spite of

---

### 【単語の意味】

**spiral** [spáiərəl]……………………急上昇の、らせん状に動く
**satisfactory** [sæ̀tisfǽktəri]………満足な、納得のいく
**measures** [méʒər]……………………対策、手段
**combat** [kəmbǽt]……………………戦う

〈2章　がんばれ、がんばれ34問〉 **147**

〈答え〉 ⒟ In spite of

〈解説〉

in spite of の問題です。

コンマの前と後ろで相反する内容になっています。また、空欄の後ろの spiraling inflation in Mexico は名詞句です。ですから、前置詞の In spite of「〜にもかかわらず」が正解になります。

Ⓐの Though は正解の In spite of と意味は同じですが、接続詞なので後ろに節（S + V）がくるためここでは使えません。Ⓑの Despite of は of が不要です。Ⓒの Nevertheless は副詞なのでやはりここでは使えません。

despite と in spite of は意味も使い方も同じですが、despite のほうがはるかに出題頻度が高いです。

〈問題文の訳〉

メキシコではインフレの急上昇にもかかわらず、政府は満足のいく対応策を見つけることができませんでした。

―――― おさえよう、この問題のポイント ――――

接続詞の後ろには節（S + V）がきますが、前置詞の後ろには名詞（句）がきます。

「〜にもかかわらず」という意味の語を入れたい場合、後ろが節であれば、although、though、even though、後ろが名詞（句）であれば despite か in spite of を選びましょう。

# 第34問

★★★★

●次の選択肢の中から正しいものを選びなさい。

A generous premium was paid to all workers for the ( ) good work done the previous year.

Ⓐ extraordinarily

Ⓑ extraordinary

Ⓒ extraordinariness

Ⓓ extraditing

---

### 【単語の意味】

**generous** [dʒénərəs] ……………………気前のいい、寛大な
**premium** [príːmiəm] ……………………報奨金
**previous year** ……………………前年

〈答え〉 Ⓐ extraordinarily

〈解説〉
副詞の問題です。
空欄直後の good は形容詞です。形容詞を修飾するのは副詞なので、Ⓐの extraordinarily が正解です。
good の品詞がわからないという人が意外にいます。good の品詞がわからなければ、副詞を入れることができません。わからない人は、good の後ろには work という名詞が続いているので、形容詞ではないかと考えてください。
副詞は主に、動詞、形容詞、他の副詞、副詞句、文全体を修飾します。
品詞の問題は頻出問題ですが、中でも一番間違えやすいのが「副詞の問題」です。

〈問題文の訳〉
前年の非常に素晴らしい業績に対して、手厚い報奨金が全労働者に支払われました。

――――― **おさえよう、この問題のポイント**―――――
選択肢に似たような単語が並んでいる場合、「品詞の問題かも」と考えましょう。

**読むだけでスコアアップ！**

# 最近のリスニングセクションの傾向

　パート(3)(4)は、改変以降も大きな変化はないように思います。特殊な例を除けば、パート(3)ができるようになればパート(4)はできるようになります。

　最近問題が難しくなった、という声が多いのがパート(2)です。以前からそうですが、パート(2)は日本のテストのように、「これだ！」とわかるような答えだけでなく、日本のテストの答えに比べワンクッションおいた感じの答えが正解になる場合が多く、その答え方に慣れていない人には難しく感じます。

　例えば、何かを聞かれた場合に、「Yes」か「No」かで答えられるようなものよりむしろ、質問に対し「会話が自然に流れるもの」を選べば答えになる場合が多いのです。その感覚に慣れていない人が多いように思います。

　パート(2)が苦手な人は「会話が自然に流れるものを選ぶ」感覚が身についていないだけだと思います。私の教室生の中には、教室終了後「パート(2)はほぼとれるようになりました」という人が多く、答え方の感覚に慣れれば難し

**読むだけでスコアアップ！**

くはありません。

　英語のプロといえども、「会話が自然に流れる感覚」の答えを問題として作成するのは難しく、市販の問題集を次々に替えて練習をしても本番で「あれっ、テストと違う」と感じる方も多いはずです。この練習をしようと思えば、やはり本家本元が出している公式問題集がベストでしょう。

　パート(2)が難しくなったというもうひとつの理由は、選択肢にトリッキーなものが少なからずある、ということです。TOEICは、大きな流れとしてはどのパートも後半の問題ほど難しく、後半の問題には高得点保持者も間違えるようなトリック問題があります。答えの前半では完璧に応答しているのに最後についた一語あるいはワンフレーズがあるために不正解というものや、注意して聞かなければ答えが二つあると思われる問題などが必ず出題されます。特にパート(2)とパート(5)にはトリック問題が含まれている、ということを頭の隅において解かなければなりません。苦手な人はパート(2)は消去法が特に有効なので消去法を積極的に使いましょう。

# 3章

## もうひとがんばりの 32問

# 第1問

★★★★

できたら……○
できなかったら…×

●次の選択肢の中から正しいものを選びなさい。

Although much money was spent on advertising by the perfume company, sales were (　) in the first quarter of the year.

(A) discouraged

(B) discourage

(C) discouraging

(D) discouragement

---
### 【単語の意味】

**advertising** [ǽdvərtàiziŋ] ……………………広告
**perfume** [pə́ːrfjuːm] ……………………………香水
**the first quarter** ……………………………第1四半期

〈3章　もうひとがんばりの32問〉 155

### 〈答え〉 ⓒ discouraging

### 〈解説〉

現在分詞の問題です。

現在分詞の discouraging は「(人を) 落胆させる」という場合に使い、過去分詞の discouraged は「(人が) 落胆する」という場合に使います。

この英文は「売上げ高が人を落胆させる」と「(物) が (人を) ～させる」なので、discouraging を使えば正しい英文になります。「(物) が (人を) ～」なのか、「(人) が (物に) ～」なのかを考えるとわかります。

主語が sales で be 動詞の後ろに続く現在分詞の discouraging や disappointing を選ばせる問題は時々出ます。discouraging も disappointing もほぼ同じ意味です。

### 〈問題文の訳〉

その香水会社は宣伝広告に多くの費用をかけましたが、その年の第 1 四半期の売上げ高はかんばしくありませんでした。

——————**おさえよう、この問題のポイント**——————

現在分詞の discouraging は「(人を) 落胆させる」という場合に、過去分詞の discouraged は「(人が) 落胆する」という場合に使います。

主語が sales の場合には、売上げ高が人を落胆させるので、discouraging を使います。

# 第2問

★★★★★

できたら…………○
できなかったら…×

●次の選択肢の中から正しいものを選びなさい。

We believe that we can manufacture this machine (　) well as the company from which you are now ordering, but we can offer you a lower price.

Ⓐ more than

Ⓑ just as

Ⓒ only if

Ⓓ along with

---
### 【単語の意味】

**manufacture** [mæ̀njəfǽktʃər] ……… 製造する
**offer** [ɔ́fər] ………………………… 提供する、申し出る

〈3章　もうひとがんばりの32問〉

〈答え〉 Ⓑ just as

〈解説〉

as well as の問題です。

as well as ～は頻繁に使う慣用表現で「～と同様に」という意味です。

as well as を入れる問題であればわかりやすいのですが、as well as を強調する just をくっつけた表現の一部である just as を空欄に入れさせる問題になっています。Ⓑの just as が正解です。

実際の TOEIC で出題されたタイプの問題ですが、この問題のように難しくない問題を難しく見せているような問題も時々出題されます。800 点以上を狙う方は、このような TOEIC 特有の出題形式に慣れることも大事です。

このような問題は日頃から多くの英文を読んで、語感を鍛えておけば簡単に解けます。

〈問題文の訳〉

当社ではこの機械を、御社が発注された会社と同じ品質で製造することができますが、当社のほうが低価格でご提供できます。

──────**おさえよう、この問題のポイント**──────

as well as ～は頻繁に使う慣用表現で「～と同様に」という意味です。

A as well as B の形であれば「B と同様に A も」という意味になります。

# 第3問

★★★★

できたら………○
できなかったら…×

●次の選択肢の中から正しいものを選びなさい。

The export of automobiles to America and Europe has ( ) contributed to the economic prosperity of the Japanese economy.

Ⓐ influentially

Ⓑ numerously

Ⓒ reliably

Ⓓ substantially

---

### 【単語の意味】

**export** [ékspɔːrt] ……………………輸出
**contribute** [kəntríbjuːt] ………………貢献する、寄与する
**prosperity** [prɑspérəti] ………………繁栄

〈3章 もうひとがんばりの32問〉 159

〈答え〉Ⓓ substantially

〈解説〉
適切な意味の副詞を選ぶ問題です。
選択肢にバラバラな副詞が並び英文の意味に合う副詞を選ぶ問題は、頻繁に出題されます。
選択肢がすべて意味の難しい副詞の場合もあります。
出題される可能性のある副詞はさまざまなので、語彙問題に近くなります。
日頃から英文を読んでいる人はすぐに正答を選べますが、そうでない人は時間がかかります。日頃から英文を読むようにすれば直感で解けるようになります。
問題文の動詞は has contributed「貢献した」なので、「十分に」という意味の副詞である substantially を入れれば英文の意味が通ります。
Ⓐの influentially は「幅をきかして」、Ⓑの numerously は「豊富に」、Ⓒの reliably は「確実に」という意味で、いずれも文意に合いません。

〈問題文の訳〉
アメリカおよびヨーロッパ向けの自動車輸出は、日本経済の発展に大きく寄与してきました。

————おさえよう、この問題のポイント————
適切な意味の副詞を選ぶ問題は一種の語彙問題です。substantially は「十分に」という意味の副詞です。

# 第4問

★★

できたら…………○
できなかったら…×

●次の選択肢の中から正しいものを選びなさい。

I am going to continue to study French with my tutor (　) my departure for Paris.

Ⓐ while

Ⓑ until

Ⓒ to

Ⓓ despite

------- 【単語の意味】-------
**tutor** [tjú:tər]……………………………………家庭教師
**departure** [dipá:rtʃər]……………………………出発

〈3章　もうひとがんばりの32問〉 **161**

〈答え〉 Ⓑ until

### 〈解説〉

前置詞の問題です。

選択肢には前置詞と接続詞が並んでいます。

空欄の後ろが節（S+V）の場合には接続詞が、名詞（句）の場合には前置詞が入ります。

この英文では後ろが名詞句になっているので前置詞であるⒷの until、Ⓒの to、Ⓓの despite のいずれかが正解です。

次に意味を考えます。空欄以降を、「私がパリに向けて発つまで」と、「まで」に相当する前置詞を選べば英文の意味が通ることがわかります。したがって、Ⓑの until が正解です。

until は前置詞以外に接続詞としても使います。過去のテストでは接続詞の問題として出題されたことが多いので、「until は接続詞」としか覚えていない人もいますが、ここでは接続詞ではなく前置詞として使われています。

### 〈問題文の訳〉

私はパリに発つまで、家庭教師についてフランス語を勉強し続けるつもりです。

---**おさえよう、この問題のポイント**---

until は前置詞と接続詞の両方があり、「〜まで」という意味になります。

接続詞の場合には後ろに節（S+V）が、前置詞の場合には後ろに名詞（句）が続きます。

# 第5問

★★★

できたら……………○
できなかったら…×

● 次の選択肢の中から正しいものを選びなさい。

The (　) guard checked personal belongings of all researchers entering the national library and again checked them when they left.

Ⓐ securing

Ⓑ security

Ⓒ secure

Ⓓ secured

---

### 【単語の意味】

**personal belongings** ……………………… 所持品、私物
**researcher** [risə́ːrtʃər] ……………………… 研究者
**library** [láibrèri] ……………………………… 図書館

〈3章　もうひとがんばりの32問〉　163

〈答え〉 Ⓑ security

〈解説〉

複合名詞の問題です。

この文の動詞は checked なので、The から guard までが主語になるため、この部分が名詞の働きをするはずです。

The から guard までを名詞の形にするには、本来なら空欄には名詞の guard を修飾する形容詞が入るはずですが、この問題では空欄には名詞の security「安全、警備」が入ります。

最初の名詞 security が形容詞の働きをし、後ろの名詞 guard を修飾している形の「複合名詞」として使われているからです。

他によく使われる複合名詞としては、IT（Information Technology）や、delivery person などがあります。

2語以上が連結して一つの名詞として働く語を「複合名詞」といいます。

名詞＋名詞以外にも、前置詞や動詞や副詞の混じったさまざまな複合名詞があります。

TOEIC で出題されるのは、「名詞＋名詞で一つの名詞として働く」タイプの複合名詞が大半です。

〈問題文の訳〉

その警備員は、国立図書館に入館する研究者全員の所持品を調べ、また、退館の際も再度所持品のチェックをしました。

―――― **おさえよう、この問題のポイント** ――――

security guard は「複合名詞」です。空欄には名詞の guard を修飾する形容詞が入るはずですが、最初の名詞 security が形容詞の働きをし、後ろの名詞 guard を修飾している形です。

# 第6問

★★★★★

● 次の選択肢の中から正しいものを選びなさい。

( ) decision-making is not like technical decision-making. As managers move up the organizational hierarchy they need to have higher levels of conceptual skill.

Ⓐ Manageable

Ⓑ Managing

Ⓒ Managerial

Ⓓ Managed

---

【単語の意味】

decision-making ……………………… 意思決定
organizational [ɔ̀ːrgənəzéiʃənl] … 組織の、組織に関する
hierarchy [háiərà:rki] ……………… 階層制度、ヒエラルキー
conceptual [kənséptʃuəl] ………… 概念の、考え方の

〈3章 もうひとがんばりの32問〉 **165**

〈答え〉 Ⓒ Managerial

〈解説〉

形容詞＆単語の問題です。

空欄の後ろが decision-making「意思決定」という名詞なので、空欄には名詞を修飾する形容詞が入ることがわかります。Ⓐ～Ⓒまですべて形容詞で、Ⓓは分詞なのでやはり形容詞の働きをします。

ですから、英文の意味を考えて意味の通るものを選ばなければなりません。

そこで大半の人がⒶの manageable「操作できる、扱いやすい」やⒷの managing「運営する」を選んでしまいます。Ⓒの managerial「経営上の」でなければ英文の意味が通りません。

ビジネス系の英文を読みなれていると、迷わずⒸの managerial「経営上の」を選びますが、そうでない場合、よく見かける単語を選んでしまうので、気をつけましょう。

過去に実際に出題されたタイプのトリック問題です。パート(5)にはトリック問題も出るという意識をもつことも高得点をとる場合には大事になります。

〈問題文の訳〉

経営上の意思決定は技術面での意思決定とは異なります。管理職は組織での階級が上がるにつれ、その分、考え方の熟練度を高めていく必要があります。

——————**おさえよう、この問題のポイント**——————

managerial は「経営上の」という意味の形容詞で、ビジネスでよく使われる単語です。

# 第7問

★★★

できたら…………○
できなかったら…×

●次の選択肢の中から正しいものを選びなさい。

(　) by consumers is down this year due to the new sales tax.

Ⓐ Spend

Ⓑ Spent

Ⓒ Spending

Ⓓ To spend

---

**【単語の意味】**

**consumer** [kənsjúːmər] ……………………消費者
**sales tax** ………………………………売上税、消費税

〈3章　もうひとがんばりの32問〉

〈答え〉Ⓒ Spending

〈解説〉

動名詞の問題です。

空欄から consumers までが、この英文の主語になっていると考えられます。

つまり主語は、「消費者による〜」となればいいわけですから、空欄には名詞の働きをするものを選べばいいとわかります。

選択肢の中で、名詞の働きをするのは動名詞の Spending だけです。

動名詞は「〜すること」という意味になり、動詞と名詞の働きをし、主語、目的語や補語になります。この英文では動名詞が名詞の働きをしていますが、動名詞は名詞だけでなく、後ろに目的語や補語をとるなど動詞の働きもします。

〈問題文の訳〉

新しい売上税のために、今年は消費者による支出が減少しています。

———— **おさえよう、この問題のポイント** ————

動名詞は「〜すること」という意味になり、動詞と名詞の働きをし、主語、目的語、補語になります。この英文では主語として使われています。

# 第8問

★★

● 次の選択肢の中から正しいものを選びなさい。

Most Internet information is free, but if you pay Office A&Y, you will have unrestricted (　) to the services of an expert who will aid you in retrieving the information that you desire.

Ⓐ accessed

Ⓑ access

Ⓒ accessing

Ⓓ accessible

---

【単語の意味】

- **free** [fríː] ……………………………………無料の
- **unrestricted** [ʌ̀nristríktid] ……………制限されていない
- **aid** [éid] ……………………………………手伝う、助ける
- **retrieve** [ritríːv] ……………………………検索する、取り出す
- **desire** [dizáiər] ……………………………強く望む

〈3章 もうひとがんばりの32問〉 **169**

## 〈答え〉 Ⓑ access

## 〈解説〉

名詞の問題です。

選択肢に似た形の語が並んでいる場合には、品詞の問題かもしれないと考えましょう。

空欄直前の unrestricted は「制限されていない」という意味の形容詞です。形容詞が修飾するのは名詞なので、選択肢から名詞を探します。名詞であるⒷの access が正解です。

unrestricted access が動詞 have の目的語になっています。目的語は名詞なので名詞を入れればいいと考えても、正解が access だとわかります。

access to ～で「～の利用、入手」の意味で頻繁に使われる表現です。

access には動詞もあり、動詞として使われる場合も、access to と前置詞の to を使います。

過去のテストで、access to という表現の前置詞 to を入れさせる問題が出題されたことも数度あります。

## 〈問題文の訳〉

ほとんどのインターネット情報は無料ですが、オフィスA＆Yに料金を支払えば、ご希望の情報を検索するにあたってあなたのお手伝いをする専門家のサービスを無制限に利用できます。

――――――**おさえよう、この問題のポイント**――――――

unrestricted という形容詞が修飾するのは名詞の access です。

# 第9問

★★★★

●次の選択肢の中から正しいものを選びなさい。

The department store discount is valid provided that you ( ) a household product costing more than 50 dollars every month for at least one whole year.

Ⓐ keep buy

Ⓑ keep to buy

Ⓒ keep buying

Ⓓ keep to be bought

------
【単語の意味】

**valid** [vǽlid] ……………………………………有効な
**provided** [prəváidid] ……………………………もし〜ならば
**household product** ……………………………家庭用品
**at least** …………………………………………少なくとも

〈答え〉 ⓒ keep buying

〈解説〉

熟語の問題です。

keep に現在分詞が続いて、「ずっと〜し続ける」という意味になります。したがって、ⓒの keep buying が正解です。

S＋V＋C の構文で、C の補語の部分に分詞が使われているのです。

keep 〜 ing で慣用表現として覚えておいてもいいと思います。

〈参考〉

空欄の少し前の provided は if と同じ意味の接続詞です。少し難しいですが、provided のこのような使い方が問題として出題されたこともあります。

〈問題文の訳〉

少なくても 1 年間、毎月 50 ドルを超える家庭用品を購入し続ければ、そのデパートでの割引が受けられます。

───**おさえよう、この問題のポイント**───

keep buying のように keep に分詞が続いて、「ずっと〜し続ける」という意味になります。

S＋V＋C の構文で、C の補語の部分に分詞が使われているのです。

# 第10問

★★

できたら……○
できなかったら…×

● 次の選択肢の中から正しいものを選びなさい。

The scaling-back of production to clear stocks has already hit take-home pay for many workers (　) overtime hours have been cut.

Ⓐ whoever

Ⓑ who

Ⓒ whose

Ⓓ whichever

---
**【単語の意味】**

**scaling-back** ……………………………削減する
**production** [prədʌ́kʃən] ………………生産
**stock** [stάk] ……………………………在庫
**overtime** [óuvərtàim] ……………………超過勤務の、時間外の

---

〈3章 もうひとがんばりの32問〉**173**

〈答え〉 Ⓒ whose

〈解説〉

関係代名詞の問題です。

空欄の前後を読めば、「"多くの労働者の"残業時間は〜」という意味にしなければ意味が通らないとわかります。したがって、空欄に入るのは、関係代名詞で、かつ先行詞である many workers の所有格の働きをするものでなければなりません。

先行詞 many workers は人なので、主格なら who、所有格なら whose、目的格なら whom になります。したがって、空欄には所有格の whose を入れれば正しい英文になります。

関係代名詞の問題は時々出ます。主格の関係代名詞は間違える人は少ないのですが、所有格や目的格の問題になると間違える人が多くなります。復習をしておきましょう。

〈参考〉

「先行詞が人で目的格の関係代名詞を選ぶような問題」の場合、必ず whom を選んでください。会話では who が使われていますが、TOEIC では不正解になるようです。

〈問題文の訳〉

在庫一掃のための減産は、残業時間の減少によってすでに多くの労働者に手取り給与の減少という打撃を与えています。

――――**おさえよう、この問題のポイント**――――

「先行詞の所有格」の働きをする関係代名詞は whose です。「"先行詞"の〜」という意味にしたい場合、関係代名詞の所有格である whose を入れましょう。所有格の関係代名詞は先行詞が物でも人でも whose になります。

# 第11問

★★

●次の選択肢の中から正しいものを選びなさい。

The pharmaceutical company's research department ( ) announced that it had discovered a new chemical which can be used for cancer treatment.

Ⓐ recent

Ⓑ more recent

Ⓒ recently

Ⓓ most recent

---

### 【単語の意味】

pharmaceutical company ……………………製薬会社
discover [diskʌ́vər] ………………………………発見する
chemical [kémikl] ………………………………化学物質
cancer treatment ………………………………がん治療

〈3章 もうひとがんばりの32問〉 **175**

〈答え〉 ⓒ recently

〈解説〉

副詞の問題です。

空欄直後に「announced」と動詞がきています。動詞を修飾するのは副詞です。

ですから副詞であるⓒの recently を入れれば、正しい英文になります。

副詞が動詞を修飾する場合、動詞の後ろからしか修飾しないと思っている人がいますが、この英文のように動詞の前に置くこともあります。

副詞は、主に、動詞、形容詞、他の副詞、副詞句、文全体を修飾する、と覚えておきましょう。

品詞の問題はパート(5)と(6)を合わせると、毎回 10 問以上出題されます。中でも一番間違えやすいのが、副詞の問題です。

〈問題文の訳〉

その製薬会社の研究部は最近、がん治療に使える新しい化学物質を発見したと発表しました。

───── おさえよう、この問題のポイント ─────

動詞を修飾するのは副詞です。副詞は動詞の前に置かれることも後ろに置かれることもあります。

# 第12問

★★★★

できたら……○
できなかったら…×

●次の選択肢の中から正しいものを選びなさい。

In order to balance the budget, the prefectural government passed ( ) to decrease the number of dams to be built in the future.

Ⓐ legislate

Ⓑ legislative

Ⓒ legislature

Ⓓ legislation

---
【単語の意味】

**balance** [bæləns] ……………………帳尻を合わせる
**budget** [bʌ́dʒət] ……………………予算
**prefectural** [prifékt∫ərəl] ……………県の
**pass** [pǽs] ……………………………（議案を）可決する
**decrease** [dìːkríːs] …………………減らす、減少させる

---

〈3章　もうひとがんばりの32問〉 177

## 〈答え〉 Ⓓ legislation

## 〈解説〉

名詞の問題です。

この英文の動詞は、「(議案を) 可決する」という意味の他動詞の pass です。

TOEIC には、be 動詞の後ろは形容詞がくるが、他動詞の後ろには目的語である名詞がくる、というタイプの問題がよく出ます。

この問題もそうで、pass という他動詞の後ろには目的語である名詞がきます。名詞はⒸとⒹです。Ⓒも名詞ですが「立法府」という意味なのでここでは使えません。

Ⓐは「法律を制定する」という意味の動詞、Ⓑは「法律上の」という意味の形容詞です。Ⓓの legislation「法律」であれば英文の意味が通ります。

品詞の問題はパート(5)と(6)を合わせると 10 問前後出題されるため、文法問題の中ではもっとも重要な問題です。中でも一番簡単なのが名詞の問題なので、必ず正解しましょう。

## 〈問題文の訳〉

予算の収支を合わせるために、その県政府は今後建設されるダムの数を減らすとする法案を可決しました。

―――― **おさえよう、この問題のポイント** ――――

legislation は「法律」という意味の名詞です。パート(5)だけでなく、パート(7)の長文読解でも時々使われる単語です。

## 第13問

★★★★

● 次の選択肢の中から正しいものを選びなさい。

For the average investor with no specialized knowledge of the stock market, the best and ( ) investment instrument is the mutual fund.

Ⓐ safe

Ⓑ safer

Ⓒ safest

Ⓓ safely

---

### 【単語の意味】

| | |
|---|---|
| **investor** [invéstər] | 投資家 |
| **specialized** [spéʃəlàizd] | 専門の、専門分野の |
| **knowledge** [nálidʒ] | 知識 |
| **stock market** | 株式市場 |
| **investment instrument** | 投資商品 |
| **mutual fund** | 投資信託 |

〈3章 もうひとがんばりの32問〉

### 〈答え〉 Ⓒ safest

### 〈解説〉
最上級の問題です。
この問題のポイント部分が並立構造になっているため、最上級の問題だと気付かない人が結構います。
空欄前後の英文を省略しないで書くと、
the best investment instrument and the (　) investment instrument
です。
この英文の重複部分を省略すると、the best and (　) investment instrument になるのです。best と並立の関係になるⒸの safest が適切です。best の前に定冠詞の the があるので、2度目の safest につくべき the を省略しています。空欄直前に定冠詞の the がないので、最上級の問題だとわかりにくいのですが、英文を読みなれていれば、よく出てくる使われ方なので間違えることはありません。
一種のトリック問題です。パート(5)ではトリック問題も出るということを意識して問題を解くようにしましょう。

### 〈問題文の訳〉
株式市場に関する専門知識がない普通の投資家にとって、最善でもっとも安全な投資手段は投資信託です。

──────**おさえよう、この問題のポイント**──────
並立構造の英文の場合、前後をよく見て、省略がある場合には何が省略されているかを考えましょう。

# 第14問

★★★

できたら………○
できなかったら…×

●次の選択肢の中から正しいものを選びなさい。

I know that I can depend on Harry because when we worked on the oil refinery project, I helped him to overcome the site explosion and he has been my ( ) colleague ever since.

Ⓐ close

Ⓑ near

Ⓒ warm

Ⓓ friendly

---【単語の意味】---

**depend on** …………………………～に頼る、依存する
**refinery** [rifáinəri] ……………………精製所
**overcome** [òuvərkám] …………………克服する
**site** [sáit] ………………………………現場、場所
**explosion** [iksplóuʒən] …………………爆発
**colleague** [káli:g] ………………………同僚

〈3章 もうひとがんばりの32問〉 181

〈答え〉 Ⓐ close

〈解説〉
単語の問題です。
単語の問題は英文を読み、全体の意味を考えなければなりません。
colleague「同僚」を修飾できる形容詞を選びます。親友のことを close friend と言い、会話ではよく使います。それを知っていれば、「同僚」にも close が使えると推測することができます。close colleague で「親しい同僚」の意味です。
最近の TOEIC ではパート(5)と(6)を合わせると、半分以上が熟語を含む語彙問題です。
普段から英文を読み英文の中で単語の使われ方を覚えると同時に、語感を鍛えることが大事です。語感を鍛えれば、知らない単語が出ても感覚でわかるようになります。

〈問題文の訳〉
石油精製プロジェクトで彼と一緒に仕事をした時に現場爆発事故という困難を切り抜ける手助けをし、それ以来親しい同僚ですから、私はハリーが頼りになるとわかっています。

──────おさえよう、この問題のポイント──────
close は形容詞で「親しい」という意味があります。close colleague で「親しい同僚」という意味になります。

# 第15問

★★

できたら…………○
できなかったら…×

● 次の選択肢の中から正しいものを選びなさい。

(　) the famous economic journal, the billionaire magnate was able to take over the powerful national TV network.

Ⓐ Along with

Ⓑ As if

Ⓒ Prior to

Ⓓ According to

### 【単語の意味】

**journal** [dʒə́ːrnl] ……………………………… 新聞、雑誌
**magnate** [mǽgneit] …………………………… 有力者、大物
**take over** ……………………………………… 買収する

〈3章　もうひとがんばりの32問〉 **183**

### 〈答え〉 ⓓ According to

### 〈解説〉
熟語の問題です。

空欄の後ろが the famous economic journal で、コンマ以降が事実なので、「〜によれば」という意味の according to を入れれば英文の意味が通ることがわかります。

according to 〜は「〜によれば」という意味で、頻繁に使われる熟語です。

よく使う簡単な熟語なので大半の人が正答したかと思いますが、「〜によれば」という意味の according to は、このところ出題が増えています。

また、according to 〜には「〜に従って、〜に準じて」という意味があり、その意味でも過去に出題されたことがあります。「〜に従って、〜に準じて」という意味で使われることは知らない人が多いので、一緒に覚えましょう。

### 〈問題文の訳〉
その有名な経済誌によると、その億万長者は全国ネットの有力テレビ局を買収することができました。

――――― **おさえよう、この問題のポイント** ―――――

according to 〜は「〜によれば」という意味の熟語です。according to 〜には「〜に従って、〜に準じて」という意味もあります。「〜によれば」に比べると頻度は低いですが、出題されたこともあります。

# 第16問

★★

●次の選択肢の中から正しいものを選びなさい。

Although it was a difficult decision, the board of directors voted for major restructuring in order to achieve ( ) efficiency of operations.

Ⓐ subsequent

Ⓑ subsequently

Ⓒ subsequence

Ⓓ subsequent to

---

### 【単語の意味】

| | |
|---|---|
| **board of directors** | 取締役会 |
| **vote** [vóut] | 投票する、賛成する |
| **restructuring** [ristrʌ́ktʃəiŋ] | リストラ、再編成 |
| **efficiency** [ifíʃənsi] | 効率（性） |
| **operation** [ὰpəréiʃən] | 事業、操業 |

〈答え〉Ⓐ subsequent

〈解説〉
形容詞の問題です。
選択肢に似かよった形の単語が並んでいるので、品詞の問題かもしれないと考えましょう。
品詞の問題の場合、空欄の前後が重要になります。
空欄直後の efficiency「効率」は名詞です。名詞を修飾するのは形容詞です。
ですから、形容詞の subsequent「後の、後に続く」を選べば正解となります。
問題自体は簡単ですが、subsequent という単語の意味がわからないため、間違ったという人がいるはずです。
subsequent はビジネス関連の英文などでは頻繁に使う形容詞です。
パート(5)と(6)を合わせると、品詞の問題は毎回 10 問前後出題されるため、品詞の問題はマスターしておきましょう。品詞の問題の中でも特に簡単なのが名詞の問題です。

〈問題文の訳〉
難しい決断でしたが、取締役会は、その後の事業の高い効率性を達成するため、大規模な改革をすることに賛成票を投じました。

──────**おさえよう、この問題のポイント**──────
名詞を修飾するのは形容詞です。

# 第17問

★★★

できたら…………○
できなかったら…×

●次の選択肢の中から正しいものを選びなさい。

Mainly (　) falling imports, Italy's current account deficit dropped to $50 billion in 2004, compared with $75 billion in 2000.

Ⓐ because

Ⓑ owing

Ⓒ because of

Ⓓ since

------【単語の意味】------

**current account** ……………………経常収支
**deficit** [défəsit] ……………………赤字、不足
**compared with ~** ……………………~に比べて、~に比べると

〈答え〉 Ⓒ because of

〈解説〉

because と because of の問題です。

空欄の後ろは、falling imports と名詞句で、節ではありません。

「because of」は前置詞句なので、後ろには名詞（句）がきますが「because」は接続詞なので、後ろには節（S+V）がきます。

since は because と同じ意味の接続詞なので、後ろには節がくるのでここでは使えません。

owing を「〜のせいで」という意味で使う場合には「owing to」と to が必要です。

正解はⒸの because of です。

「because of」は、「〜の理由で、〜のせいで」という意味、「thanks to」や「due to」とほぼ同じ意味です。

文頭に副詞の Mainly が付いているから、できなかったという人もいるはずです。

「mainly because」や「mainly because of」はよく使う表現なので、普段から英文を読んでこのような表現に慣れましょう。

〈問題文の訳〉

主に輸入の減少により、イタリアの経常赤字は、2000年の750億ドルに比べ、2004年には500億ドルに減りました。

——————おさえよう、この問題のポイント——————

「because of」は前置詞句なので、後ろには名詞（句）がきますが、「because」は接続詞なので、後ろには節（S+V）がきます。前に副詞の mainly が付いていても考え方は同じです。

# 第18問

★★★

できたら…………○
できなかったら…×

● 次の選択肢の中から正しいものを選びなさい。

The danger is that (　　) China grows at a pace rapid enough to absorb the excess labor, social instability will result.

Ⓐ without

Ⓑ if

Ⓒ or

Ⓓ unless

---

### 【単語の意味】

**danger** [déindʒər] ……………………………危険
**rapid** [rǽpid] ……………………………………速い、急な
**absorb** [əbzɔ́:rb] ………………………………吸収する
**excess** [iksés]……………………………………超過した、余分の
**labor** [léibər] ……………………………………労働者、労働
**social instability** ……………………………社会的不安
**result** [rizʌ́lt] ……………………………………生じる

〈3章　もうひとがんばりの32問〉 189

〈答え〉 Ⓓ unless

〈解説〉
接続詞の問題です。
that 以下の文の主節と従属節（コンマの前と後の節）で、相反する内容を言っています。
ですから「if」は正答候補からはずれます。
また、接続詞 that の後ろなので「or」は使えません。ということは「unless」か「without」のどちらかが正解ということになります。
unless は if not「もし～でなければ」という意味です。
without は「～でなければ」と同じような意味になりますが、前置詞で後ろには名詞（句）がくるのでここでは使えません。
「もし～でなければ」と言いたいとき、後ろに節がくる場合は「unless」、名詞（句）がくる場合は「without」と覚えましょう。
この英文の場合、空欄の後ろが節（S+V）になっています。したがって、unless が正解です。

〈問題文の訳〉
もしも中国が過剰労働力を吸収するに足りるほど速いペースで成長しなければ、社会不安をきたす危険性があります。

―――― **おさえよう、この問題のポイント** ――――
unless も without も「～でなければ」という意味ですが、unless は接続詞なので後ろには節（S+V）が、without は前置詞なので後ろには名詞（句）がきます。

# 第19問

★★

●次の選択肢の中から正しいものを選びなさい。

Since the length of an initial contract is for three years, Mr. Schmidt's contract is up for renewal ( ) the end of next year.

Ⓐ on

Ⓑ for

Ⓒ with

Ⓓ at

---

【単語の意味】

**initial** [iníʃl] ……………………最初の
**contract** [kάntrækt] ………………契約、契約書
**up** [ʌ́p] ……………………………(時間が) 尽きて、終わって
**renewal** [rinjúːel] …………………更新

〈3章 もうひとがんばりの32問〉 191

〈答え〉 Ⓓ at

〈解説〉

前置詞の問題です。

「〜の終わりに」という場合には、前置詞の at を使います。ですから at を入れて、at the end of にすれば正しい英文になります。

前置詞の問題は頻出問題の一つです。最近はさまざまな使われ方の前置詞の問題が出題されます。日頃から英文を読む習慣をつけ、よく目にする前置詞の使い方を覚えるようにしましょう。

語彙問題や前置詞の問題は、問題集で覚えるよりむしろ、日頃から英文を読むようにして、その中で頻繁に出てくる表現を覚えるほうがいいと思います。

〈参考〉

「at the beginning of 〜」や、「at the end of 〜」は会計関連のレポートなどで頻繁に使われます。会計関連のレポートで使われる単語や表現は TOEIC にもよく出るので、その意味では TOEIC 的にも重要な表現ということになります。

〈問題文の訳〉

最初の契約期間は3年間なので、シュミット氏の契約は来年末に更新の時期を迎えます。

───── **おさえよう、この問題のポイント** ─────

at the end of 〜で「〜の終わりに」という意味になり、会計関連のレポートなどで頻繁に使われます。

# 第20問

★★

できたら…………○
できなかったら…×

●次の選択肢の中から正しいものを選びなさい。

The university curriculum is planned so that the average student (　　) needs only three lecture classes per day.

Ⓐ usually

Ⓑ often

Ⓒ rarely

Ⓓ unlikely

---

【単語の意味】

**curriculum** [kəríkjələm] ……………(学校の) カリキュラム
**lecture** [léktʃər] ……………………………講義

〈3章　もうひとがんばりの32問〉 193

〈答え〉 Ⓐ usually

〈解説〉

適切な意味の副詞を選ぶ問題です。

適切な意味の副詞を選ぶ問題は、一種の語彙問題なので、英文を読んで全体の意味を考えなければなりません。

so that 以下をチェックします。空欄の前までは「平均的な学生は」が主語になっており、空欄の後ろは「1日3クラスだけとる必要がある」という意味です。この2つをつなげることができる副詞は、Ⓐの usually「通常」しかありません。

適切な意味の副詞を選ぶ問題は頻出問題です。最近は選択肢がすべて難しい副詞という場合もあるので、普段から英文を読む習慣を身に付け、語感を鍛えるようにしましょう。

〈問題文の訳〉

大学のカリキュラムは、平均的な学生が通常1日に3クラスとればいいように組まれています。

――――おさえよう、この問題のポイント――――

usually は「通常」という意味の副詞です。適切な意味の副詞を選ぶ問題は、空欄の前後を中心に英文を少し長めに読んで、意味の通るものを選びます。

# 第21問

★★★★

できたら………○
できなかったら…×

●次の選択肢の中から正しいものを選びなさい。

The company would like to remodel its factory, but (　) it does so this year depends on the result of sales.

Ⓐ why

Ⓑ whether

Ⓒ which

Ⓓ what

------【単語の意味】------

**remodel** [rimάdl] ……………………改造する
**factory** [fǽktəri] ……………………工場
**depend on** …………………………～次第である、～による

〈3章　もうひとがんばりの32問〉　195

〈答え〉 Ⓑ whether

〈解説〉

従位接続詞 whether の問題です。
whether は「～かどうか」という意味の従位接続詞で、「whether＋S＋V」で名詞の働きをし、主語や補語や目的語になります。
この英文では「whether＋S＋V」が主語の働きをしています。
英語を使いなれている人にとっては比較的簡単な問題です。
後ろが節で、訳してみて「～かどうか」と訳せたら「whether」を選びましょう。
「従位接続詞 that」も whether と同じような使い方をし、「that＋S＋V」で「S が V するということ」、という意味になります。
従位接続詞 whether と that は使い方が同じなので、一緒に覚えましょう。

〈問題文の訳〉

会社は工場を改造したいと考えていますが、今年そうするかどうかは販売成績によります。

―――――おさえよう、この問題のポイント―――――

whether は「～かどうか」という意味の従位接続詞で、「whether＋S＋V」で名詞の働きをし、主語や補語や目的語になります。

# 第22問

★★★★

できたら………○
できなかったら…×

● 次の選択肢の中から正しいものを選びなさい。

The United Nations will (　) to discuss the problem between the two neighboring nations.

Ⓐ present

Ⓑ meet

Ⓒ include

Ⓓ check

---

### 【単語の意味】

the United Nations ……………………… 国際連合
neighboring [néibəriŋ] ……………………… 隣接した、近隣の
nation [néiʃən] ……………………… 国、国家

〈3章 もうひとがんばりの32問〉

〈答え〉 Ⓑ meet

〈解説〉

単語の問題です。

単語の問題は英文を読んで全体の意味を考えなければなりません。

meet は、「～に会う」という意味が一般的ですが、自動詞で目的語を取らず、「会合する」や「(集会が) 開かれる」という使い方があります。

この意味で使われている、Ⓑの meet が正解です。似た意味の単語で convene「(会議などを) 招集する」があります。convene も meet も共に過去に単語問題として TOEIC に出題されています。英語を使いなれていない人にとっては少し難しい問題です。

〈問題文の訳〉

国連はその隣接する 2 カ国間の問題について議論をするために会合を開きます。

———— **おさえよう、この問題のポイント** ————

meet は「～に会う」という意味が一般的ですが、自動詞で「会合する」や「(集会が) 開かれる」という意味もあります。

# 第23問

★★★★

●次の選択肢の中から正しいものを選びなさい。

The department store has extended its closing time and will also open on Sundays in order to better (　) its customers.

Ⓐ offer

Ⓑ provide

Ⓒ serve

Ⓓ reflect

---

### 【単語の意味】

**extend** [iksténd] ……………………延長する、延ばす
**customer** [kʌ́stəmər] ……………………顧客

〈3章　もうひとがんばりの32問〉 **199**

〈答え〉 ⓒ serve

〈解説〉
適切な意味の動詞を選ぶ問題です。
適切な意味の動詞を選ぶ問題は、全文または空欄前後を読んで意味を考えなければなりません。
この英文の場合、空欄前に better「よりよく」があり、空欄後が its customers「その顧客」なので、これらをつなぐことのできる動詞は、ⓒ serve「仕える」しかありません。
最近のテストで数度出題されたタイプの問題です。
適切な意味の動詞を選ぶ問題では、1年くらい前までは、take、meet、make、conduct などある程度出題される動詞が決まっていましたが、最近は出題される動詞の範囲が広がっています。日頃から英文を読みなれていて語感を鍛えている人が有利なテストになりつつあります。

〈問題文の訳〉
そのデパートは買い物客により便宜を図るために、閉店時間を延長し、また、今後は日曜日も営業します。

──────**おさえよう、この問題のポイント**──────

「顧客に仕える」という場合には動詞の serve を使い、serve customers と表現します。

# 第24問

★★

できたら………○
できなかったら…×

●次の選択肢の中から正しいものを選びなさい。

Many Americans feel that goods manufactured in France and Italy are superior (　　) goods manufactured in Poland and Greece.

Ⓐ than

Ⓑ for

Ⓒ to

Ⓓ with

---
### 【単語の意味】

**goods** [gúdz] ……………………………………商品、品物
**manufacture** [mænjəfæktʃər] ………………製造する

〈3章　もうひとがんばりの32問〉 201

〈答え〉Ⓒ to

〈解説〉
前置詞の問題です。
superior は「よりすぐれて、まさって」という意味で、比較対照を表わす時には to を使います。
「〜より」という意味に惑わされて than を選ぶ人が多いのですが、ここでは than は使えません。気をつけましょう。

〈重要〉
この superior to 〜以外に、前置詞の to を入れる問題として出題されるのは、prior to 〜「〜の前に」です。
prior to 〜は prior to the oil crisis「石油危機前に」のように使います。prior to 〜は superior to 〜に比べ、出題頻度ははるかに高いです。

〈問題文の訳〉
多くのアメリカ人は、フランスやイタリアで製造された製品はポーランドやギリシャで製造された製品よりすぐれていると思っています。

────おさえよう、この問題のポイント────
superior to 〜で「〜よりすぐれて、まさって」という意味で、前置詞は to を使います。
反対は inferior to 〜「〜より劣った」ですが、inferior to 〜は出題されていません。

# 第25問

★★★★

できたら………○
できなかったら…×

●次の選択肢の中から正しいものを選びなさい。

The stock price (　) after the president announced a stock split, but declined after the general collapse of the stock market.

Ⓐ completed

Ⓑ targeted

Ⓒ peaked

Ⓓ achieved

---

### 【単語の意味】

stock price ……………………………… 株価
stock split ……………………………… 株式分割
decline [dikláin] ……………………… 下落する、減退する
collapse [kəlǽps] ……………………… 崩壊、下落
stock market …………………………… 株式市場

〈3章 もうひとがんばりの32問〉 203

**〈答え〉** ⓒ peaked

## 〈解説〉

単語の問題です。

単語の問題は英文を読んで全体の意味を考えなければなりません。

したがって、単語の問題はある程度の長さを読まなければならず、文法問題に比べ時間がかかりますが、この問題は空欄より前までだけを読めば解答できます。

stock price「株価」が主語なので、空欄に入る動詞は、(株価が)上がったのか、下がったのかの関連語彙ではないかと想像できます。

選択肢の中でこれに関連するのは peaked しかありません。

peak は自動詞で「頂点に達する」という意味があります。

stock price peaked ～ という表現はビジネス関連のレポートや新聞によく出るので、日頃から仕事で企業の業績がらみのレポートや記事を読んでいる人にとっては簡単な問題ですが、そうでない人には少し難しい問題かもしれません。

最近出題された問題です。最近の語彙問題はビジネス関連のものにシフトしています。

## 〈問題文の訳〉

株価は社長が株式分割を発表した後には最高値をつけましたが、その後、株式市場全体が落ち込んだために、下落しました。

―――――**おさえよう、この問題のポイント**―――――

peak は自動詞で「頂点に達する」という意味があります。「株価が頂点に達する」という場合にも peak が使え、stock price peaked と表現します。

# 第26問

★★★★★

●次の選択肢の中から正しいものを選びなさい。

You should take this clock to the department store to be fixed because they will do it for free ( ) you have the warranty.

Ⓐ conditioned

Ⓑ provided

Ⓒ gained

Ⓓ granted

---

**【単語の意味】**

fix [fíks] ……………………………………………修理する
for free ……………………………………………無料で
warranty [wɔ́ːrənti] ……………………………保証（書）

### 〈答え〉 Ⓑ provided

### 〈解説〉
単語の問題です。
単語の問題ですが、接続詞としての provided を選ばせる問題です。動詞の provide の過去形、過去分詞形ではありません。
provided に接続詞 if と同じような意味がある、ということを知らない人は多く、間違えた人が多いと思います。
provided には接続詞としての働きがあり、「もし〜ならば」という意味になります。
英文を読んでいると出てくるので、日頃から一定量の英文を読んでいる人はできる問題ですが、少し難しい問題なので 800 点以上を狙う人向けの問題になります。

### 〈問題文の訳〉
保証書があれば無料なので、この時計をデパートに持っていって修理してもらうべきです。

———— **おさえよう、この問題のポイント** ————
provided には接続詞としての働きがあり、「もし〜ならば」という意味になり、if と同じような使い方をします。

# 第27問

★★★★

できたら………○
できなかったら…×

● 次の選択肢の中から正しいものを選びなさい。

John studied hard, played football and did routine work, so everyone agreed that he was an ( ) student.

Ⓐ integrated

Ⓑ exceptional

Ⓒ absolute

Ⓓ unprecedented

---

**【単語の意味】**

routine work ……………………………………日常の仕事
agree [əgríː] ……………………………………同意する

〈答え〉 Ⓑ exceptional

〈解説〉
単語の問題です。
単語の問題は英文を読んで全体の意味を考えなければなりません。
ジョンは何でもできると言っているので、空欄には「すぐれた生徒」の「すぐれた」に相当する単語を入れればいいとわかります。
この問題を難しくしているのは、正解のⒷの exceptional は「例外的な、異例な」という意味で使われることが多いので、exceptional に「すぐれた」という意味があることを知らない人が多いのです。
日頃から多くの英文を読んでいる人は語感でわかりますが、少し難しい問題です。
最近のテストで出題された問題です。最近は単語問題でも、少しひねって出題されている問題がほぼ毎回あります。その意味では問題集だけで高得点をとるのが少しだけ困難になり、日頃から英文を読んでいる人が有利になっています。

〈問題文の訳〉
ジョンは勉強は一生懸命するし、フットボールをやり、日々の決められた仕事もこなしていたので、彼が非常にすぐれた学生であることは衆目の一致するところでした。

——————おさえよう、この問題のポイント——————
exceptional にはよく使われる「例外的な、異例な」という意味以外に、「すぐれた」という意味があります。

# 第28問

★

できたら………○
できなかったら…×

●次の選択肢の中から正しいものを選びなさい。

The CNN announcer said that in a poll taken immediately after Ronald Reagan had died, the American public rated (　　) to be one of the best US presidents.

Ⓐ him

Ⓑ he

Ⓒ his

Ⓓ himself

---
### 【単語の意味】

**poll** [póul] ……………………………………世論調査
**immediately** [imí:diətli] ……………………直ちに、さっそく
**the public** ……………………………………一般の人々、公衆
**rate** [réit] ……………………………………評価する、見なす

〈3章　もうひとがんばりの32問〉 209

### 〈答え〉 Ⓐ him

### 〈解説〉
代名詞の問題です。
選択肢Ⓐ～Ⓓはいずれも代名詞です。この英文の場合、空欄の前後がヒントになります。空欄前の意味を考えれば、「アメリカ人が彼を評価する」と「彼を」に相当する代名詞を入れれば意味が通るとわかります。「彼を」ですから、代名詞の目的格が入ります。
ちなみに him は Ronald Reagan を指します。
代名詞の問題は毎回数問ずつ出題されますが、この問題のように「代名詞の格を問う問題」の出題も多いです。代名詞の問題は、再帰代名詞と所有代名詞の問題以外は、簡単です。
「代名詞の格を問う問題」は特に簡単なので必ず正解しましょう。

### 〈問題文の訳〉
ロナルド・レーガン氏の死後すぐに行なった世論調査によれば、アメリカ国民は彼を合衆国でもっともすぐれた大統領の一人だと考えているということがわかった、と CNN のアナウンサーは言いました。

――――おさえよう、この問題のポイント――――

人称代名詞 he は、he（主格）、his（所有格）、him（目的格）、his（所有代名詞）、himself（再帰代名詞）と変化します。
I、we、you、she、it、they についても格が変わると形がどのように変わるかを覚えておきましょう。

# 第29問

★★★

できたら……………○
できなかったら…×

● 次の選択肢の中から正しいものを選びなさい。

A meeting to prevent proliferation of nuclear weapons will be held in Paris, so I will (　) Europe next month.

Ⓐ visit at

Ⓑ visit to

Ⓒ visit

Ⓓ visit for

---

### 【単語の意味】

**prevent** [privént] ……………………………防ぐ、妨げる
**proliferation** [prəlìfəréiʃən] ……………………拡散
**nuclear weapon** ……………………………………核兵器

〈3章　もうひとがんばりの32問〉**211**

### 〈答え〉Ⓒ visit

### 〈解説〉
他動詞の問題です。
動詞には、自動詞と他動詞があり、自動詞は目的語をとりませんが、他動詞は目的語をとるので、後ろに直接目的語がきます。したがって他動詞の後ろに前置詞がくることはありません。
「訪れる」という意味で使う場合、visit は他動詞なので後ろに前置詞は必要ありません。ですから後ろに前置詞がきていないⒸの visit が正解です。他動詞の問題は忘れた頃に出題されます。

### 〈参考〉
よく似た意味の動詞に go がありますが、go は自動詞なので、go to ～と前置詞の to が必要です。

### 〈問題文の訳〉
核兵器拡散防止のための会議がパリで開かれるので、私は来月ヨーロッパを訪れます。

---——**おさえよう、この問題のポイント**———
visit は「訪れる」という意味の他動詞なので、すぐ後ろに目的語がきます。後ろに前置詞がくることはありません。

# 第30問

★★★★

できたら……○
できなかったら…×

●次の選択肢の中から正しいものを選びなさい。

Because there are so many cancellations, the airline requires that each passenger (　) his return flight.

Ⓐ confirmed

Ⓑ confirm

Ⓒ confirms

Ⓓ will confirm

---
### 【単語の意味】

**cancellation** [kæ̀nsəléiʃən] ……………キャンセル、取り消し
**airline** [éərlàin] ………………………………航空会社
**require** [rikwáiər] ……………………………要求する
**passenger** [pǽsəndʒər] …………………乗客

〈3章 もうひとがんばりの32問〉 213

〈答え〉 Ⓑ confirm

〈解説〉
提案、要求などを表わす動詞の問題です。
require のように提案や要求を表わす動詞の後に続く that 節の中は、「主語＋動詞の原形」にしなければなりません。この英文の場合、that 節の中の主語は each passenger と単数ですが、動詞は「confirms」ではなく、原形であるⒷの「confirm」を使わなければなりません。
命令、要求、提案、推奨を表わす動詞は他にも、suggest、request、recommend、propose などさまざまなものがあります。
イギリス英語では、that 節の中は「should＋動詞の原形」ですが、過去に出題されたものはイギリス英語の文法ではなく、that 節の中は「動詞の原形」というアメリカ英語での文法でした。忘れた頃に出る問題で頻出問題ではありません。

〈問題文の訳〉
大変多くのフライトが欠航になっているので、航空会社ではそれぞれの乗客に帰りの便が運航されるかどうか確認するよう求めています。

────**おさえよう、この問題のポイント**────
require のように提案や要求などを表わす動詞の後に続く that 節の中は、「主語＋動詞の原形」にしなければなりません。

# 第31問

★★★★

できたら……○
できなかったら…×

●次の選択肢の中から正しいものを選びなさい。

( ) you have any doubts about how to operate the machinery, please do not hesitate to contact the engineering department of our company.

Ⓐ That

Ⓑ What

Ⓒ Will

Ⓓ Should

---
**【単語の意味】**

doubt [dáut] …………………………………疑い
operate [ápərèit] ……………………………操作する
machinery [məʃí:nəri] ……………………機械装置
hesitate [hézitèit] …………………………ためらう

〈3章 もうひとがんばりの32問〉 **215**

## 〈答え〉 Ⓓ Should

## 〈解説〉

仮定法未来の問題です。

That（S+V）と、What（S+V）で名詞句を作りますが、それを主語とする動詞がないのでⒶとⒷは正解ではありません。

ⒸのWillが正解であれば疑問文になるはずですが、疑問文ではありません。

残ったのはⒹのShouldだけです。

if you should 〜「万が一〜すれば」のifが省略され、shouldが文頭に出てきた倒置用法で、仮定法未来と言い「Should＋主語＋動詞の原形」の形で使います。この英文で使われているのはこの用法なのでⒹが正解です。

仮定法未来は、未来に起こる可能性が低いことを仮定する場合に使います。

ただ、ifを省略して、主語と助動詞を倒置させて使うことのほうが多く、過去のTOEICにはshouldで始まる倒置の形でしか出ていません。このshouldは「万が一のshould」と呼ばれています。

仮定法未来の問題は忘れた頃に出る問題で、頻出問題ではありません。

## 〈問題文の訳〉

もしも機械の操作方法について疑問があれば、当社の技術部まで遠慮なく連絡してください。

──────**おさえよう、この問題のポイント**──────

仮定法未来は「should＋主語＋動詞の原形」の形で「もし万が一〜したら」という意味になります。

# 第32問

★★★★

できたら………○
できなかったら…×

●次の選択肢の中から正しいものを選びなさい。

The German automobile continues to (　　) its original shape because of its continuing popularity not only in Germany but also in the international market.

Ⓐ hold

Ⓑ retain

Ⓒ restrain

Ⓓ stabilize

------【単語の意味】------

**original** [ərídʒənl] ……………………最初の
**popularity** [pàpjəlǽrəti] ……………人気
**not only A but also B** ………………AだけでなくBもまた

〈3章　もうひとがんばりの32問〉 **217**

〈答え〉 Ⓑ retain

〈解説〉

単語の問題です。

単語の問題は英文を読んで全体の意味を考えなければなりません。

continuing popularity「続いている人気」を理由にでき、かつ、original shape「もとのスタイル」を目的語にできる動詞を探します。

「保つ、保持する」という意味の動詞 retain であれば、人気があるのでもとのスタイルを保ち続けている、という意味になり、英文の意味が通ります。retain は keep と同じ意味です。

retain は頻出問題ではありませんが、単語問題として過去に数度出題されています。

〈問題文の訳〉

そのドイツ車はドイツ国内のみならず、世界中の市場で変わらぬ人気を誇っているため、もとのスタイルをそのまま保ち続けています。

―――― **おさえよう、この問題のポイント** ――――

retain は「保つ、保持する」という意味の動詞で、keep と同じ意味です。

**読むだけでスコアアップ！**

# TOEIC を取り巻く昨今の事情

　TOEIC を教え始めて 10 年、教室を開いて 4 年になりますが、この数年で TOEIC を取り巻く環境は大きく変わりました。

　当初、教室参加者は大手電気メーカーの方が中心で、企業から求められる点数もさほど高くはありませんでした。その後、商社、証券会社、銀行、製薬会社など、参加者の業種は多岐にわたるようになりました。

　最近の参加者の特徴としては、M&A 真っ只中にある製薬会社と監査法人からの参加者が多いです。現在の教室参加者の中には公認会計士さんが 2 名、前々回の教室にも 1 名、とまさに時代を反映しています。製薬会社も監査法人も社内の書類が英語のものが多く、また海外とのメールのやりとりも増えているようです。

　500 点なければ 2 年生に、600 点なければ 3 年生に上れないという大学生の参加者もいました。

　教室の初日に、教室参加の動機を手短に聞いていますが、趣味だからという方は 5 パーセント以下で、仕事がらみ

**読むだけでスコアアップ！**

の何らかの目的達成のために受けているという方が大半です。「TOEICで700点がないと、個人の業績評価の対象にならないから」という方がいて驚きましたが、銀行勤務の方で「TOEICで高得点を出したから何かができるから受けるのではなく、何か仕事をしたい場合にTOEICで点数がないことがマイナス評価になり、そのやりたい何かができなくなるのが嫌だから」という人もいて、確かに今のTOEICを取り巻く環境を表わした言葉だなあと感じ入りました。

過去の参加者の中にも、730点以上を出した途端に海外営業部に転勤になった人（大手自動車メーカー）、900点近くを出した途端に本社に戻った人（大手損害保険）など、さまざまです。

大手外資系IT会社では、海外出張にも点数の規定があり、所定の点数がなければ降格という話も出ています。ロースクール受験者の参加も多く、900点以上あると慶応大学や一橋大学では一次試験で下駄をはかせてもらえるとのことです。ロースクールはテストの上手な人をとって合格率を上げたいらしいという噂ですが、TOEICはさまざまなところでさまざまな目的で使われているようです。

# 4章

## それでもがんばれ

# 30問

# 第1問

★★★

できたら………○
できなかったら…×

● 次の選択肢の中から正しいものを選びなさい。

(  ) the rise in the yen's value, Japanese tourists are satisfied but Japanese businessmen are worried about future sales.

Ⓐ Due to

Ⓑ In spite of

Ⓒ While

Ⓓ Unless

---

【単語の意味】

rise in the yen's value ……………………円高
tourist [túərist] ……………………………観光客
satisfied [sætisfàid] ………………………満足した
worry about ………………………………〜について心配する
sales [séilz] …………………………………売上げ、売上げ高

〈4章 それでもがんばれ30問〉 **223**

## 〈答え〉 Ⓐ Due to

## 〈解説〉

due to の問題です。

空欄の後ろは名詞句で節（S + V）ではありません。

Ⓒの while とⒹの unless は接続詞なので後には節（S + V）がきます。

一方、Ⓐの due to やⒷの in spite of は前置詞句なので後ろには名詞（句）がきます。

この英文では空欄の後ろは名詞句になっているので、前置詞句の「due to ~ （~のせいで）」か、「in spite of ~ （~にもかかわらず）」が正解だとわかります。

次に意味を考えます。円高になれば、海外へ向かう日本人旅行者は喜びますが、製品を海外に輸出している日本企業は困ります。

「~のために、~のせいで」という意味の Due to を入れれば英文の意味が通じますが、In spite of では英文の意味が通りません。

due to は名詞句の because of、thanks to とほぼ同じ意味です。because of、thanks to に比べると due to の出題頻度がもっとも高いです。

## 〈問題文の訳〉

円高のおかげで、日本の旅行者は満足していますが、日本のビジネスマンは将来の売上げを懸念しています。

——————**おさえよう、この問題のポイント**——————

「~のために、~のせいで」という意味の英文にしたい場合、後ろが節なのか、名詞（句）なのかを見ます。後ろが節の場合には because、since、as のいずれかを、後ろが名詞（句）の場合には because of、due to、thanks to のいずれかを使います。

# 第2問

★★★

● 次の選択肢の中から正しいものを選びなさい。

Faced with slower car sales at home, Ford, along with other US carmakers, is expanding (　　) into overseas markets.

Ⓐ aggressive

Ⓑ aggressiveness

Ⓒ aggressively

Ⓓ aggressivity

---

【単語の意味】

faced with ……………………………〜に直面して
along with ……………………………〜と一緒に、〜と共に
expand [ikspǽnd] ……………………拡大する
aggressively [əgrésivli] ………………積極的に
overseas market ……………………海外市場

〈4章 それでもがんばれ30問〉 225

〈答え〉ⓒ aggressively

〈解説〉
副詞の問題です。
選択肢を見ると似かよった語が並んでいるので、品詞の問題かもしれないと考えます。
品詞の問題は、空欄前後が大事なので空欄前後を見ます。
空欄の直前は is expanding と動詞の進行形になっています。
動詞を修飾するのは副詞です。ですからⓒの aggressively を入れれば正しい英文になります。
副詞は、動詞、形容詞、他の副詞、副詞句、文全体を修飾すると覚えておいてください。
品詞の問題はパート(5)と(6)を合わせると10問以上出題されることが多く、最重要問題です。中でもよく間違えるのが副詞の問題です。
品詞の問題は、感覚で解かずに、理論的に考えるようにしましょう。

〈問題文の訳〉
国内市場の販売不振に直面したフォードは、アメリカの他の自動車製造会社とともに、海外市場に積極的に売り込みをはかっています。

────**おさえよう、この問題のポイント**────

空欄直前は is expanding と動詞の進行形です。進行形であっても、受動態であっても、完了形であっても、動詞であり、動詞を修飾するのは副詞です。

# 第3問

★★★★

できたら……………○
できなかったら…×

● 次の選択肢の中から正しいものを選びなさい。

As the economy is expected to decelerate, the president ( ) encourages voluntary retirement.

**Ⓐ** itself

**Ⓑ** it

**Ⓒ** himself

**Ⓓ** him

---

### 【単語の意味】

**expect** [ikspékt] ……………………………予期する、期待する
**decelerate** [dì:sélərèit] ……………………減速する
**encourage** [enkə́:ridʒ] ……………………奨励する
**voluntary** [váləntèri] ………………………自発的な、任意の
**retirement** [ritáiərmənt] …………………退職

〈4章 それでもがんばれ30問〉

〈答え〉ⓒ himself

### 〈解説〉

代名詞の問題です。

selfがつく代名詞を再帰代名詞と言います。

「自分で、自ら」という意味を強調する場合に使います。

この英文でも、「社長自ら」と、「自ら」を強調するために、再帰代名詞を使います。

この英文の場合、代名詞は社長を指すわけですから、「itself」ではなく「himself」になります。

逆に、会社を指す場合に間違えて「himself」を選ぶ人がいますが、会社を指す場合には「itself」を使わなければなりません。

代名詞の問題では、その代名詞が何を指すのか注意してください。

代名詞の問題は毎回数問ずつ出題されます。代名詞は簡単な問題が多いのですが、再帰代名詞の問題は代名詞の中では少し難しい問題です。

### 〈問題文の訳〉

景気の減速が予想されるため、社長自身が希望退職を勧めています。

──────**おさえよう、この問題のポイント**──────

himselfのようにselfがつく代名詞を再帰代名詞と言います。「自分で、自ら」という意味を強調する場合に使います。

# 第4問

★★★

●次の選択肢の中から正しいものを選びなさい。

The members of Mr. Johnson's section were ( ) that he had been promoted to a higher position.

Ⓐ pleased

Ⓑ interested

Ⓒ bored

Ⓓ delight

---

### 【単語の意味】

**promote** [prəmóut] ……………………………………昇進させる
**position** [pəzíʃən] ……………………………………地位

〈4章 それでもがんばれ30問〉 229

〈答え〉Ⓐ pleased

〈解説〉

単語の問題です。

単語の問題は英文全体の意味を考えなければなりません。この英文の場合、空欄直前はbe動詞で、空欄の後ろのthat以下で、「高い地位に昇進した」と言っているので、空欄には「喜んだ」という意味の形容詞であるpleasedを選べばいいとわかります。

Ⓑのinterestedは「興味をもった」という意味の形容詞、Ⓒのboredは「退屈した」という意味の形容詞なので英文の意味が通りません。Ⓓのdelightはbe動詞wereの後ろに置くことはできません。

手紙やメールなどで頻繁に使う表現なので、日頃から仕事などで英語に接する機会の多い人にとっては簡単な問題です。パート(5)だけでなく、パート(6)でも出題されたことがある単語です。パート(6)は顧客に出す手紙やメール文が多いので、手紙やメールで頻繁に使われる表現は要注意です。

〈問題文の訳〉

ジョンソン氏の部署のメンバーは、彼がさらに高い地位に昇進したことを喜びました。

────おさえよう、この問題のポイント────

pleasedは「喜んだ」という意味の形容詞で、be pleasedの形で、手紙やメールで頻繁に使われます。

# 第5問

★★★★

できたら…………○
できなかったら…×

●次の選択肢の中から正しいものを選びなさい。

The president made a statement (　) his position concerning the war and it showed that his stance had not changed despite the changing conditions of the war.

**(A)** with

**(B)** about

**(C)** in

**(D)** through

---

### 【単語の意味】

**position** [pəzíʃən] ……………………………………立場、姿勢
**concerning** [kənsə́ːrniŋ] ……………………………～に関する
**condition** [kəndíʃən] …………………………………状況、状態

〈4章 それでもがんばれ30問〉 231

〈答え〉 Ⓑ about

〈解説〉
前置詞の問題です。
選択肢を見ると前置詞が並んでいるので、前置詞を選ぶ問題だとわかります。
空欄の直前が statement「声明」で、直後はその statement の内容だとわかります。
したがって、「～についての声明」となるような前置詞を入れればいいのです。
「～についての声明」という場合には、前置詞の about を使います。
過去に出題されたタイプの問題です。
似た問題ですが、comment on ～「～についての論評」という場合、comment の後ろに続く前置詞の on を選ぶ問題も過去1～2年で数度出題されています。
前置詞の問題は毎回5問前後出題されます。
特定の名詞や動詞につく前置詞に意識をして英文を読むようにしましょう。

〈問題文の訳〉
大統領はその戦争に対する自らの立場について声明を発表しましたが、それによると、戦況が変化していたにもかかわらず、大統領の見解は変わっていないことがわかりました。

―――― **おさえよう、この問題のポイント** ――――
「～についての声明」という場合には、前置詞の about を使います。どの名詞にどの前置詞が続くのかは一つずつ覚えましょう。

# 第6問

★★★

できたら…………○
できなかったら…×

● 次の選択肢の中から正しいものを選びなさい。

( ) after the president announced that he would take a military action, stock prices went down.

Ⓐ Essentially

Ⓑ Immediately

Ⓒ Apparently

Ⓓ Continually

---
**【単語の意味】**

**president** [prézədənt] ……………………………………大統領
**military action** ……………………………………軍事行動
**stock price** ……………………………………株価

〈4章 それでもがんばれ30問〉 233

### 〈答え〉 Ⓑ Immediately

### 〈解説〉
熟語の問題です。
副詞の after に続く節（S + V）を修飾している英文なので、選択肢はすべて副詞です。
したがって意味を考えなければなりません。
「大統領が軍事行動をとると発表した直後に」とすれば英文の意味が通るので、ⒷのImmediately が正解となります。
immediately after は頻繁に使われる慣用表現なので、日頃から英語に接している人にとっては簡単な問題です。他にも、mainly because や exactly when などのように「副詞＋接続詞」の形で、頻繁に使われる慣用表現は時々出題されています。

### 〈問題文の訳〉
大統領が軍事行動に出ると発表した直後に、株価は下落しました。

──────おさえよう、この問題のポイント──────
immediately after ～は「～するとすぐに」という意味の表現で頻繁に使われます。

# 第7問

★★★★★

できたら………○
できなかったら…×

●次の選択肢の中から正しいものを選びなさい。

A large number of students (　　) said that they would prefer to have a numerical scale rather than a letter scale.

Ⓐ asking

Ⓑ ask

Ⓒ asked

Ⓓ being asked

---

【単語の意味】

a large number of ……………………………大変多くの
prefer [prifə́:r] ……………………………………むしろ〜を好む
numerical [nju:mérikl] …………………………数の、数値による
A rather than B ………………………………Bよりむしろ A

〈4章 それでもがんばれ30問〉 235

### 〈答え〉 Ⓒ asked

### 〈解説〉

過去分詞の問題です。

分詞には現在分詞と過去分詞があります。

両方とも、形容詞的に用いられます。形容詞ですから名詞を修飾します。

現在分詞は「〜している、〜する」という意味になり、過去分詞は「〜された、〜される」という意味になるので、訳してみればどちらが正解なのかわかります。

分詞の使い方としては、修飾する「名詞の前にくる」用法と、「名詞の後ろにくる」用法があります。

この英文の空欄部分は、修飾する名詞の後ろにくる用法です。

空欄の前後を訳してみると正解がわかります。

「質問された」と、「〜された」と訳せます。

ということは、過去分詞の「asked」を入れれば正しい英文になるということです。

### 〈問題文の訳〉

意見を求められた多くの学生が、言葉による尺度より、数値化された尺度のほうがいいと答えました。

──────**おさえよう、この問題のポイント**──────

分詞には現在分詞と過去分詞があり、両方とも形容詞的に用いられ、名詞を修飾します。

現在分詞は「〜している、〜する」という意味に、過去分詞は「〜された、〜される」という意味になります。

# 第8問

★★★★

できたら………○
できなかったら…×

● 次の選択肢の中から正しいものを選びなさい。

In the event of an earthquake, all heavy cabinets, bookshelves and large pieces of furniture not (　) weighted may topple and cause damage and injury.

Ⓐ secure

Ⓑ securely

Ⓒ secured

Ⓓ security

---

【単語の意味】

in the event of ……………… ～の際には
earthquake [ə́ːrθkwèik] … 地震
cabinet [kǽbənət] ………… キャビネット、飾り棚
cause [kɔ́ːz] ………………… ～を引き起こす、～の原因になる
injury [índʒəri] …………… けが、負傷

〈4章　それでもがんばれ30問〉　237

〈答え〉Ⓑ securely

### 〈解説〉
副詞の問題です。
選択肢を見ると、似た形の単語が並んでいるので品詞の問題ではないかと想像できます。
品詞の問題ですが、少し難しい問題です。
品詞の問題では空欄の前後が重要になります。
この問題の場合、空欄の直後が weighted という過去分詞になっています。分詞は形容詞の働きをします。形容詞を修飾するのは副詞なので、副詞であるⒷの securely が正解です。
この問題を難しくしているのは、空欄前に not がある点と、空欄直後に形容詞そのものでなく、分詞を置いている点です。分詞を修飾する語を選ぶという副詞の問題は時々出ますが空欄直前に not があるような難しい問題は出題頻度は低いです。ただ、形容詞の働きをする分詞を修飾する副詞の問題は過去に出題されたことがあるので、高得点を狙う人は正解しなければならない問題です。

### 〈問題文の訳〉
万が一地震がきた時には、重心がしっかりしていない重量のある収納棚、本棚、大型家具がすべて倒れ、ものを損傷したり、人にけがをさせる可能性があります。

────**おさえよう、この問題のポイント**────
分詞には現在分詞と過去分詞がありますが、分詞は形容詞の働きをします。形容詞を修飾するのは副詞なので、副詞を選びます。

# 第9問

★★★

できたら……○
できなかったら…×

● 次の選択肢の中から正しいものを選びなさい。

The estate, (　) land, stocks and insurance was worth more than $10 million.

Ⓐ include

Ⓑ included

Ⓒ including

Ⓓ inclusion

---

### 【単語の意味】

**estate** [istéit] ……………………………………不動産、財産
**stock** [sták] ……………………………………株、株式
**insurance** [inʃúərəns] …………………………保険
**worth** [wɔ́ːrθ] ……………………………………〜の価値がある

〈4章 それでもがんばれ30問〉 239

〈答え〉 ⓒ including

〈解説〉

including と included の問題です。

正確には分詞の問題ですが、出題形式が決まっているので形を覚えましょう。

*名詞　including A, B and C だと、「ABC を含む名詞」という意味になります。

*名詞　included in A だと、「A に含まれる名詞」という意味になります。

この問題の英文は最初のパターンだとわかります。ですから、including が正解です。

訳してみると、「土地、株式、保険を『含む』財産」と言いたいことがわかります。

ということは、前置詞の including を選べば英文の意味が通じます。

involving なのか involved なのかを選ばせる問題も出題されますが、意味も使い方も including と included の場合と同じです。involving/involved も一緒に覚えましょう。

〈重要〉

名詞　including A, B and C、という表現の接続詞 and を問う問題も最近出題されました。一緒に覚えましょう。

〈問題文の訳〉

土地、株式、保険を含む財産は1千万ドル以上の価値がありました。

———— **おさえよう、この問題のポイント** ————

*名詞　including A, B and C だと、「ABC を含む名詞」

*名詞　included in A だと、「A に含まれる名詞」という意味になります。

# 第10問

●次の選択肢の中から正しいものを選びなさい。

When I have enough capital, enough business contacts, and enough competent staff, I intend to ( ) my own business.

Ⓐ establishing

Ⓑ establishment

Ⓒ establish

Ⓓ established

---

### 【単語の意味】

**capital** [kǽpətl] ……………………………資本
**business contact** ……………………………仕事上のコネ
**competent** [kámpətnt] ……………………有能な
**intend to** …………………………………〜するつもりである

〈答え〉 Ⓒ establish

〈解説〉
動詞の形を問う問題です。
intend to ～は「～するつもりだ」という意味で頻繁に使われる表現です。この to は不定詞の to ですから後ろには動詞の原形が続きます。したがって、動詞の原形である establish が正解です。
「不定詞の to の後ろは動詞の原形」を問う問題は頻繁に出題されます。簡単な問題なので必ず正解しましょう。

〈参考〉
同じ to でも不定詞の to 以外に、前置詞の to もあります。前置詞の to の後ろは名詞（句）がきます。「不定詞の to」なのか、「前置詞の to」なのかを見分けましょう。

〈問題文の訳〉
十分な資金とビジネス上の人脈と十分な数の有能なスタッフがそろえば、私は起業したいと考えています。

——————**おさえよう、この問題のポイント**——————
to には不定詞の to と、前置詞の to があります。
不定詞の後ろには動詞の原形が、前置詞の to の後ろには名詞（句）がきます。また、前置詞の to の後ろに動詞を置きたい場合には動名詞を使います。

# 第11問

★★★

できたら……………○
できなかったら……×

●次の選択肢の中から正しいものを選びなさい。

He invested in euro, but gave it up after one year because due to lack of foreign exchange technical knowledge, he was unable to make a significant ( ) against his dollar investment.

Ⓐ coupon

Ⓑ finding

Ⓒ profit

Ⓓ proceeding

---
### 【単語の意味】

| | |
|---|---|
| give up | やめる、諦める |
| lack [lǽk] | 不足、欠乏 |
| foreign exchange | 外国為替 |
| technical [téknikl] | 専門的な、技術の |
| significant [signífikənt] | かなりの、著しい |
| investment [invéstmənt] | 投資 |

〈4章 それでもがんばれ30問〉 243

### 〈答え〉 ⓒ profit

### 〈解説〉
単語の問題です。
単語の問題は英文を読んで意味を考えなければなりません。
英文を読めば、investment「投資」に関する内容だとわかります。
空欄の前が make a であることから、ⓒの profit が適切だとわかります。
make a profit「利益をあげる」はビジネスで頻繁に使われる表現です。
反対に「損をする」は、make a loss です。
profit を入れる問題は過去に数回出題されています。仕事で英文を使わない人は経済新聞やアニュアルレポートのようなビジネス関連のレポートを読むようにしましょう。読んでいれば、このような表現は頻繁に出てきます。最近の TOEIC の単語問題では、ビジネス関連の表現が増えています。

### 〈問題文の訳〉
彼はユーロに投資しましたが、外国為替に関する専門知識がなかったことが理由で、ドル投資と比べて利益をあげることができなかったために、1年で断念しました。

────**おさえよう、この問題のポイント**────
make a profit は「利益をあげる」という意味で、ビジネス関連のレポートで頻繁に使われる表現です。

# 第12問

★★★

●次の選択肢の中から正しいものを選びなさい。

The TV set can be returned even (　　) the two month trial period is over if the customer is dissatisfied.

Ⓐ following

Ⓑ during

Ⓒ after

Ⓓ while

---

### 【単語の意味】

**trial period** ……試用期間
**customer** [kʌ́stəmər] ……顧客
**dissatisfied** [dissǽtisfàid] ……不満な

〈答え〉 Ⓒ after

〈解説〉
接続詞の問題です。
空欄の前も後ろも節「S + V」になっています。
節と節を結びつけるのは接続詞です。それぞれの節と節がどのような関係になっているかによってどの接続詞が適切かが決まります。選択肢の中で接続詞はⒸの after とⒹの while ですが、意味を考えるとⒸの after しかありません。
after や before は、前置詞としても接続詞としても使われますが、ここでは接続詞として使われています。

〈問題文の訳〉
顧客が満足しない場合は、2か月の試用期間の後でさえ、テレビを返品することができます。

——— **おさえよう、この問題のポイント** ———
節と節を結ぶ接続詞の問題は、結んでいるそれぞれの節がどのような関係になっているかを考えます。after は前置詞も接続詞もありますが、接続詞として使われる場合には「〜する後で」という意味になります。

# 第13問

★★★★

できたら……○
できなかったら…×

●次の選択肢の中から正しいものを選びなさい。

I can have my digital camera (　　) for free since it is still under warranty.

Ⓐ repair

Ⓑ repairing

Ⓒ repaired

Ⓓ to repair

---

**【単語の意味】**

**digital camera** ……………………………デジタルカメラ
**free** [fríː] …………………………………無料の
**warranty** [wɔ́ːrənti] ……………………保証、保証書

〈4章　それでもがんばれ30問〉**247**

### 〈答え〉 ⓒ repaired

### 〈解説〉

使役の問題です。

使役動詞 have には 2 つの用法があります。

* 「(人) に〜させる」という場合、have + 目的語 (人) + 動詞の原形になります。
* 「(物) を〜させるようにする」の場合は、have + 目的語 (物) + 過去分詞になります。

この問題では、使役の動詞 have の後ろが digital camera と物がきているので、「(物) を〜させる」の意味にしなくてはなりません。ですから、digital camera の後ろにくる動詞は、「過去分詞の repaired」を使わなければなりません。使役の動詞としては、他に make、let などもありますが、TOEIC でよく出るのは have です。

### 〈問題文の訳〉

まだ保証期間中なので、私のデジタルカメラは無料で修理してもらえます。

——————おさえよう、この問題のポイント——————

have を使って使役の英文を作る場合、

* 「(人) に〜させる」という時には、「have + 目的語 + 動詞の原形」
* 「(物) を〜させる」という時には、「have + 目的語 + 過去分詞」となります。

どちらかと言えば、後ろに物が来る場合の出題のほうが多いです。

# 第14問

★★★

できたら…………○
できなかったら…×

●次の選択肢の中から正しいものを選びなさい。

My responsibility at my company is to transfer daily client transactions (　) computer files.

Ⓐ at

Ⓑ to

Ⓒ with

Ⓓ for

---

### 【単語の意味】

**responsibility** [rispɑ̀nsəbíləti] ………責任、責務
**transfer** [trænsfə́:r] ……………………転記する、移動させる
**client** [kláiənt] ……………………………顧客、取引先
**transaction** [trænsǽkʃən] ……………取引

〈4章 それでもがんばれ30問〉 **249**

〈答え〉Ⓑ to

〈解説〉

熟語の問題です。

「transfer ~ to…」は「~を…に移す」という意味の慣用表現です。

transferという単語は「転勤する」とか「(電話を)転送する」などの意味で、リスニングセクション、リーディングセクションともに頻繁に使われる表現です。

「転写する、転記する」という場合にも「transfer ~ to…」の表現を使います。

頻繁に使われる重要な表現です。

熟語や慣用表現の一部として使われている前置詞を問う問題は、よく出ます。

〈問題文の訳〉

会社での私の仕事は、日々の顧客取引をコンピューターファイルに転記することです。

―――おさえよう、この問題のポイント―――

「transfer ~ to…」は「~を…に移す」という意味で頻繁に使われる慣用表現で、前置詞にはtoを使います。この英文では「~を…に転記する」という意味で使われています。

# 第15問

★★★★★

できたら…………○
できなかったら…×

●次の選択肢の中から正しいものを選びなさい。

(　　) who is interested in this pile of books is welcome to take it because we want to get rid of it.

Ⓐ Whoever

Ⓑ Some

Ⓒ Them

Ⓓ Anyone

---

【単語の意味】

interested [íntərəstid] …………関心がある、興味がある
pile of ………………………………山積みの、山ほどの
be welcome to 〜 ………………自由に〜してよい、歓迎する
get rid of …………………………を取り除く、処分する

〈4章　それでもがんばれ30問〉 251

〈答え〉 ⒟ Anyone

〈解説〉

anyone who の問題です。

空欄は関係代名詞 who の前なので、人を表わす Some か Anyone のどちらかが入るのではと想像できます。some は複数なので、who is とはつながりません。Anyone が正解です。

anyone who ～は複合関係代名詞の whoever と同じで「～である人はだれでも」という意味になります。

Ⓐの whoever は先行詞を含む関係代名詞で、anyone who と同じ意味です。空欄直後に who があるので、whoever は選べません。

この問題は anyone who の問題ですが、複合関係代名詞 whoever を問う問題もよく出ます。

複合関係代名詞 whoever の使い方を忘れている人は、ここで復習をしておきましょう。

〈問題文の訳〉

処分したいので、ここに積まれた本に興味のある方はご自由にお持ちください。

―――― **おさえよう、この問題のポイント** ――――

anyone who ～で「～である人はだれでも」という意味で、複合関係代名詞の whoever と同じ意味になります。whoever ＝ anyone who と覚えておきましょう。

# 第16問

★★★★★

できたら………○
できなかったら…×

● 次の選択肢の中から正しいものを選びなさい。

The famous American singer is her own (　) critic, so she has not sung in public for many years.

Ⓐ harsh

Ⓑ harshly

Ⓒ harsher

Ⓓ harshest

---
**【単語の意味】**

**critic** [krítik] ……………………………… 批評家
**in public** ……………………………… 人前で、公衆の面前で

〈4章　それでもがんばれ30問〉　253

〈答え〉 ⒟ harshest

〈解説〉

最上級の問題です。

この問題を難しくしているのは、最上級に the ではなく her own がついている点です。

代名詞の所有格と冠詞を並べることはできません。

この英文は空欄直前が代名詞の所有格になっている点に加え、代名詞の所有格に own「自分自身の」という形容詞がついているため、さらにわかりにくくなっています。

この英文は「有名なアメリカ人の歌手は自分自身に対するもっとも厳しい批評家だ」、とすれば意味が通るので、最上級の形である⒟の harshest が正解です。

日頃から英語を使いなれていると、時々使われる表現なので一瞬でわかりますが、使いなれていない人にとっては難しい問題です。

the がないからといって、「最上級ではない」と決めつけないようにしましょう。

〈問題文の訳〉

その有名なアメリカ人歌手は、自らに対するもっとも厳しい批評家であるがために、もう何年も人前では歌を歌っていません。

――――おさえよう、この問題のポイント――――

英文の意味を考えれば最上級の問題だとわかります。最上級の問題で冠詞の the が使われていない場合に間違える人が多く、そこを狙った問題です。

# 第17問

★★★★

できたら………○
できなかったら…×

●次の選択肢の中から正しいものを選びなさい。

Because the yields in the bond market have recently been low, investors are now moving into the stock market which is beginning to show more (　) returns.

Ⓐ to promise

Ⓑ promised

Ⓒ promising

Ⓓ promises

---
### 【単語の意味】

**yield** [jíːld] ……………………………………利回り、収益
**bond market** ……………………………………債券市場
**investor** [invéstər] ……………………………投資家
**stock market** ……………………………………株式市場
**return** [rítəːrn] …………………………………収益、利益

〈4章 それでもがんばれ30問〉 **255**

〈答え〉Ⓒ promising

〈解説〉
形容詞の問題です。
選択肢を見ると、品詞の問題か、動詞の形を問う問題だろうと想像できます。
両方ともよく出る問題ですが、品詞の問題のほうが1回のテストでの出題数が多いので、先に品詞からチェックします。品詞の問題ではないとわかった段階で次に動詞の形をチェックします。
品詞の問題では空欄の前後が重要になります。
この問題の場合、空欄の後ろが returns「収益」という名詞です。名詞を修飾するのは形容詞なので、選択肢から形容詞、つまりⒸの promising「有望な」を選べば正解となります。
promising は、promising job「有望な仕事」、promising market「有望な市場」のようにビジネスでよく使われる単語で、単語の問題として出題されたこともある重要な単語です。

〈問題文の訳〉
ここのところ、債券市場での利回りが低いため、投資家はより収益が見込まれるようになってきた株式市場へと移りつつあります。

――――おさえよう、この問題のポイント――――

名詞を修飾するのは形容詞です。形容詞の promising「有望な」は語彙問題としても出題されたことのある単語で、ビジネスでよく使われます。

# 第18問

★★★★

できたら…………○
できなかったら…×

● 次の選択肢の中から正しいものを選びなさい。

Mr. Williams was sent to the annual gift trade fair to choose new products, and in two days, he (　　) with many new samples of novel gifts.

Ⓐ returning

Ⓑ will return

Ⓒ has returned

Ⓓ returns

------

## 【単語の意味】

**annual** [ǽnjuəl] ……………………………………毎年の、例年の
**trade fair** ……………………………………………見本市
**novel** [nάvl] …………………………………………新しい

〈4章 それでもがんばれ30問〉 **257**

### 〈答え〉 Ⓑ will return

### 〈解説〉

時制の問題です。

空欄の少し前にある in two days から答えがわかります。前置詞の in は、時間の経過を表わす場合に使え、in の後ろに時間の経過を表わす表現がくると、「(現在から数えて) 〜後に、〜たてば」という意味になります。

つまり、in two days は「(現在から数えて) 2 日後に」という意味になるので、時制は未来で未来を表わす表現を続けなければならないことがわかります。したがって正解は未来形のⒷの will return です。

時制の問題では、時制を決めるヒントになる単語や表現が文頭や文末にある場合は間違えにくいのですが、この問題のように文の真ん中あたりにある場合には気付かないことがあります。簡単な問題なのに、気付かないで落としてしまうのはもったいないので気をつけましょう。実際に出題されたタイプの問題です。

### 〈問題文の訳〉

ウイリアムズ氏は新製品を選ぶために、年 1 回行なわれているギフトの見本市に行かされたので、2 日後には新作ギフトのサンプルをたくさん持って帰ってくるでしょう。

───── **おさえよう、この問題のポイント** ─────

前置詞の in は、時間の経過を表わす場合に使え、in の後ろに時間の経過を表わす表現がくると、「(現在から数えて) 〜後に、〜たてば」という意味になり、未来のことを表わすため、時制は未来形を使います。

# 第19問

★★★

●次の選択肢の中から正しいものを選びなさい。

In trend with international thinking, the government decreed that air-conditioning should not be lower than 26 degrees for the (　) of energy.

Ⓐ protection

Ⓑ prevalence

Ⓒ conservation

Ⓓ caution

---

### 【単語の意味】

**trend** [trénd] ……………………………傾向、風潮
**decree** [dikríː] ……………………………法令を定める、命じる
**degree** [digríː] ……………………………(気温、角度などの) 度

〈4章　それでもがんばれ30問〉 **259**

## 〈答え〉 ⓒ conservation

## 〈解説〉

単語の問題です。

単語の問題は英文を読んで全体の意味を考えなければなりません。

コンマ以降で「エアコンの温度を26度以下にしてはならない」と言っていて、かつ空欄の後ろには「エネルギー」という名詞が続いています。したがって、「エネルギーの節約のために」とすれば英文の意味が通ります。

エネルギーの節約という場合には conservation を使います。

動詞は conserve で過去に数度出題され、この問題と似た表現の conserve energy で出題されました。

名詞の conservation も、動詞の conserve も環境問題でよく使う単語です。

この問題のように、同じ単語問題でもある時は名詞で、ある時は動詞で出題される場合も多いです。

## 〈問題文の訳〉

国際的な考え方の潮流に従い、政府は省エネのためにエアコン温度を26度未満に設定してはいけないという法令を発布しました。

———— **おさえよう、この問題のポイント** ————

conserve は「保全する」という意味の動詞で、環境問題関連の英文でよく使われ、過去に語彙問題として出題されたこともあります。動詞 conserve の名詞の conservation が最近語彙問題として出題されました。

# 第20問

★★★

できたら…………○
できなかったら…×

●次の選択肢の中から正しいものを選びなさい。

I heard that the Chinese authorities had promised to consider (　　) foreign ownership in banks on a case-by-case basis.

Ⓐ to liberalize

Ⓑ liberalizing

Ⓒ liberalization

Ⓓ liberalize

---
【単語の意味】

**authorities** [əθɔ́:rətiz] ……………当局、権威
**promise** [prɑ́məs] ……………………約束する
**consider** [kənsídər] …………………よく考える、熟慮する
**liberalize** [líbərəlàiz] ………………自由化する、制約を解く

---

〈4章 それでもがんばれ30問〉 261

## 〈答え〉 Ⓑ liberalizing

## 〈解説〉
動名詞と不定詞の問題です。
他動詞には、目的語に動名詞しかとれないもの、不定詞しかとれないもの、両方ともとれるものがあります。
また、両方とれて意味が同じもの、両方とれるけれど意味の異なるものもあります。
consider は目的語に動名詞しかとれない他動詞ですから、consider の後ろは動名詞であるⒷの liberalizing を入れなければなりません。
目的語に動名詞しかとれない他動詞の問題で、もっともよく出るのは consider です。
＊動名詞しかとれない他動詞の代表的なものに、
consider、avoid、enjoy、mind、appreciate、miss などがあります。
＊不定詞しかとれない他動詞の代表的なものに、
expect、fail、afford、offer、promise、want、prepare などがあります。

## 〈問題文の訳〉
中国当局が外国人による銀行取得の自由化を案件ごとに検討することを約束した、と聞きました。

――――**おさえよう、この問題のポイント**――――
他動詞には、目的語に動名詞しかとれないもの、不定詞しかとれないもの、両方ともとれるものがあります。また、両方とれて意味が同じもの、両方とれるけれど意味の異なるものがあります。consider は目的語に動名詞しかとれない他動詞です。

# 第21問

★★★★

できたら……○
できなかったら…×

● 次の選択肢の中から正しいものを選びなさい。

A ( ) stock analyst not only takes into account the current valuation of a company but also its future earning power.

Ⓐ compete

Ⓑ competitive

Ⓒ competing

Ⓓ competent

---

【単語の意味】

not only A but also B ……………………… A だけでなく B も
take into account …………………………… ～を考慮する
current [kɜ́:rənt] ……………………………… 今の、現在の
valuation [væ̀ljuéiʃən] ……………………… 評価、評価額
earning power ……………………………… 収益力

〈4章 それでもがんばれ 30 問〉 263

### 〈答え〉 Ⓓ competent

### 〈解説〉

形容詞&単語の問題です。

空欄前は冠詞のaで、空欄直後は stock analyst と名詞です。
名詞を修飾するのは形容詞なので動詞の compete「競争する」は間違いだとわかります。

形容詞が3つ残ったわけですが、次にそれぞれの意味を考えます。

Ⓑの competitive は「競争力のある」という意味の形容詞
Ⓒの competing は「競争の」という意味の形容詞
Ⓓの competent は「有能な」という意味の形容詞

英文の意味が通るのは、Ⓓの competent しかありません。

このような問題では、まず最初に品詞で選んで、次に意味で考えて選ぶという順番で解くといいでしょう。英文を読みなれている人は、英文を見た途端、すぐに「competent」が選べるはずです。

Ⓓの competent だけでなく、Ⓑの competitive も TOEIC に出題されたことのある単語です。

### 〈問題文の訳〉

有能な株式アナリストとは、企業の現在価値だけでなく、企業の将来の収益力も考慮します。

---

### おさえよう、この問題のポイント

名詞を修飾するのは形容詞です。competent は「有能な」という意味の形容詞です。

# 第22問

★★

●次の選択肢の中から正しいものを選びなさい。

Researchers in Kiddy Corporation were unable to recognize the (　　) of the result of their experiment and were surprised when Lilly Corporation took out a patent based on the same results.

Ⓐ significantly

Ⓑ significant

Ⓒ signify

Ⓓ significance

### 【単語の意味】

| | |
|---|---|
| **researcher** [risə́:rtʃər] | 研究者 |
| **recognize** [rékəgnàiz] | 認める、承認する |
| **experiment** [ikspérəmənt] | 実験 |
| **take out** | 取得する |
| **patent** [pǽtnt] | 特許 |

〈4章　それでもがんばれ30問〉 265

〈答え〉 Ⓓ significance

〈解説〉
名詞の問題です。
選択肢に似た形の語が並んでいるので、品詞の問題かもしれないと考えましょう。
空欄の前は冠詞の the で、空欄の後ろは前置詞の of です。
「冠詞と前置詞の間は名詞」なので、Ⓓ の significance が正解となります。
significance は名詞で「重要性、重大さ」という意味です。
Ⓐ の significantly は「いちじるしく」という意味の副詞です。
Ⓑ の significant は「重大な」という意味の形容詞です。
Ⓒ の signify は「意味する、示す」という意味の動詞です。
品詞の問題の中でも、名詞の問題は特に簡単です。必ず正解しましょう。
パート(5)と(6)の問題の、半分近くは熟語を含む語彙問題です。残り半分は文法問題ですが、その中のさらに半分近くが品詞の問題です。特に点数の高くない方は、品詞問題のマスターが必須です。

〈問題文の訳〉
キディー社の研究者は、自分たちが行なった実験結果の重要性を認識することができず、リリー会社が同じ実験結果に基づいて特許を取得した時には驚きました。

──────おさえよう、この問題のポイント──────
冠詞と前置詞の間に入るのは名詞です。

# 第23問

★★★

できたら…………○
できなかったら…×

● 次の選択肢の中から正しいものを選びなさい。

Credit card companies are offering new and unusual services in order to compete (　) each other.

Ⓐ along

Ⓑ against

Ⓒ into

Ⓓ from

---
### 【単語の意味】

**offer** [ɔ́fər] ……………………………………提供する、申し出る
**unusual** [ʌnjúːʒuəl] ………………………普通でない、珍しい
**compete** [kəmpíːt] …………………………競争する

〈答え〉Ⓑ against

〈解説〉
前置詞の問題です。
英文の意味を考えて、適切な前置詞を選ばなければなりません。
この英文は、「互いに競争する」と言いたいわけですから、空欄に入る前置詞はⒷの against しかありません。
前置詞の against にはさまざまな意味がありますが、その中の一つに「～に対抗して」という意味があります。この問題の場合、compete という動詞がヒントになります。
どの動詞にどの前置詞が付くかは、英文を読みながら覚えましょう。
この問題のように、特定の動詞に付く前置詞が何かを問う問題も時々出ます。
最近はさまざまな前置詞の使い方を問う問題が出題されていますが、前置詞の問題は日頃から英文を読み、語感を鍛えていれば、直感でわかる問題も多いです。
英文を読む習慣をつけ、英文を読む中でそれぞれの前置詞の使い方を覚えましょう。

〈問題文の訳〉
クレジットカード会社各社は、互いに競争するために、新しい独特なサービスを提供しています。

────おさえよう、この問題のポイント────
「互いに競争する」と言う場合には、動詞 compete の後ろには前置詞の against が続きます。

# 第24問

★★★★

できたら…………○
できなかったら…×

● 次の選択肢の中から正しいものを選びなさい。

The consultant ( ) his corporate analysis with the president who wanted to improve the declining sales rate.

Ⓐ indicated

Ⓑ reviewed

Ⓒ inquired

Ⓓ replaced

---
**【単語の意味】**

**analysis** [ənǽləsis] ……………………………分析
**improve** [imprú:v] ………………………………改善する、改良する
**declining** [dikláiniŋ] ……………………………低下している

---

〈4章 それでもがんばれ30問〉 269

〈答え〉 Ⓑ reviewed

### 〈解説〉

単語の問題です。

単語の問題は英文を読んで全体の意味を考えなければなりません。

この問題は、空欄に意味の通る動詞を入れる問題ですが、目的語は「彼の企業分析」です。

会社の分析を社長と「〜する」わけですから、Ⓑの review「見直す」以外にはありません。

この問題では動詞の review が問われていますが、名詞の review もパート(5)で単語問題として出ることがあります。名詞の review にはいろいろな意味がありますが「論評、書評」の意味で数度出題されています。

最近の TOEIC はパート(5)に限らず、多くのパートでビジネスでよく使う表現が使われます。

そのせいか、review はリスニング、リーディング両方のパートで頻繁に出てきます。

TOEIC 的には重要な単語です。

### 〈問題文の訳〉

そのコンサルタントは、下落している販売率を上向かせたいと考えている社長と一緒に、自らが作成した企業分析を再検討しました。

────**おさえよう、この問題のポイント**────

review は「見直す」という意味でよく使う動詞です。名詞では「論評、書評」という意味です。

過去に名詞としての review が語彙問題として出題されたこともあるので、動詞と名詞、両方の使い方を覚えておきましょう。

# 第25問

★★★★

●次の選択肢の中から正しいものを選びなさい。

The president of the central bank could not ( ) support for his conservative policies and was forced to resign after much public outcry.

(A) win

(B) honor

(C) take

(D) reach

---

### 【単語の意味】

- **support** [səpɔ́ːrt] ……………………………… 支持
- **conservative** [kənsə́ːrvətiv] ……………… 保守的な
- **policy** [pɑ́ləsi] ………………………………… 政策
- **force** [fɔ́ːrs] …………………………………… 強いる
- **resign** [rizáin] ………………………………… 辞任する、辞職する
- **outcry** [áutkrai] ……………………………… 叫び、激しい抗議

〈4章 それでもがんばれ30問〉 271

〈答え〉Ⓐ win

〈解説〉
適切な意味の動詞を選ぶ問題です。
適切な意味の動詞を選ぶ問題は、全文、特に空欄前後を読んで意味を考えなければなりません。
この英文の場合、空欄前に「中央銀行の総裁は~できなかった」とあり、空欄後の目的語が support「支持」なので、「支持を得られなかった」という英文にすれば意味が通じることがわかります。「支持を得る」という場合、動詞は win を使います。
win を使った表現でパート(5)で出題されたものは、win an award「受賞する」で、パート(3)では win a contract「契約を得る」があります。
適切な意味の動詞を選ぶ問題では、1年くらい前までは、take、meet、make、conduct などある程度出題される動詞が決まっていましたが、最近はさまざまな動詞が出題されます。
範囲は広がっていますがビジネスで使われる表現が多いので、日頃からビジネス系の英文を読みなれている人はわからない表現が出ても、あたりをつけることができます。

〈問題文の訳〉
中央銀行総裁は、自身の保守的な方針に対する支持を得られず、国民から激しい抗議を受けたために、辞職を余儀なくされました。

────おさえよう、この問題のポイント────
「支持を得る」という場合、動詞の win を使い win support と言います。win an award や win a contract など、win を使ったよく使われる表現を一緒に覚えましょう。

# 第26問

★★★

できたら…………○
できなかったら…×

●次の選択肢の中から正しいものを選びなさい。

You should file your tax return as early as possible ( ) that you can receive your tax refund quickly.

Ⓐ and

Ⓑ such

Ⓒ so

Ⓓ but

---
**【単語の意味】**

file [fáil] ……………………………………申請する、提出する
tax return ……………………………………確定申告、納税申告
tax refund ……………………………………税の還付

〈4章 それでもがんばれ30問〉 273

### 〈答え〉ⓒ so

### 〈解説〉

so that の問題です。

so that ～は「～するために」という意味で目的を表わす表現です。会話では that を省略して so ～で使う場合が多いです。この問題も空欄前で「税の還付の手続きを早くすべきだ」と言っており、空欄より後ろで「税の還付金を早く受けられる」と言っているので、「～するために」という so that の so を入れれば、英文の意味が通ります。

最近の TOEIC に出題された問題です。so ～ that…「とても～なので…だ」で、so の後ろに形容詞を入れるという問題は出題されたことがありますが、「～するために」という意味の so that を問う問題は 4 年以上 TOEIC を受けてきて初めて出題された問題です。

so that は頻繁に使う表現です。

### 〈問題文の訳〉

税還付金を早くもらえるように、確定申告はできるだけ早くするべきです。

──────**おさえよう、この問題のポイント**──────

so that で「～するために」という意味で目的を表わします。

# 第27問

★★

●次の選択肢の中から正しいものを選びなさい。

Everyone must pass (　　) security if they want to board the flight.

Ⓐ by

Ⓑ through

Ⓒ along

Ⓓ beyond

---
### 【単語の意味】
**security** [sikjúərəti] ……………………セキュリティ、警備
**board** [bɔ́ːrd] …………………………乗り込む
**flight** [fláit] ……………………………(飛行機の)便

〈4章 それでもがんばれ30問〉 **275**

〈**答え**〉 Ⓑ through

〈**解説**〉
前置詞の問題です。
「〜を通過する」という場合、pass through 〜と前置詞の through を使います。
特定の動詞と一緒に使う前置詞の問題はよく出るので、どの動詞とどの前置詞を一緒に使うのかは、英文を読みながら覚えるのがいいでしょう。
よく出る問題ではありませんが、過去に出題されたタイプの問題なので、through の使い方を覚えましょう。
前置詞の問題はパート(5)と(6)を合わせると毎回 5 問前後の出題があり、その意味では重要なカテゴリーです。

〈**問題文の訳**〉
飛行機に乗りたい場合、誰もがセキュリティを通過しなければなりません。

──────**おさえよう、この問題のポイント**──────
pass through 〜で「〜を通過する」という意味になります。

# 第28問

★★★★

できたら……○
できなかったら…×

●次の選択肢の中から正しいものを選びなさい。

The pay gap between men and women is much narrower in the public sector, (　　) women earn 80 percent of men's weekly earnings, than in the private sector.

Ⓐ which

Ⓑ where

Ⓒ whose

Ⓓ what

---

### 【単語の意味】

public sector ……………………………………公共部門
earn [ə́ːrn] ………………………………………得る、稼ぐ
earnings [ə́ːrniŋz] ……………………………収入、所得
private sector …………………………………民間部門

〈4章　それでもがんばれ30問〉 **277**

〈答え〉Ⓑ where

### 〈解説〉

関係副詞の問題です。

「前置詞＋関係代名詞」の働きをするものが関係副詞です。ですから、関係副詞は「前置詞＋関係代名詞」で書き換えることができます。

関係副詞には、時を表わす when、場所を表わす where、理由を表わす why、方法を表わす how がありますが、この中では where の出題頻度がもっとも高いです。

意味としては、この英文の空欄には、in the public sector を入れて「公的部門では」と言いたいわけですから、関係代名詞を使って in which とすれば正しい英文になります。先行詞は the public sector。このように「前置詞＋関係代名詞」に書き換えられるので、関係副詞の where が正解だとわかります。関係副詞の問題は忘れた頃に出る問題で、頻出問題ではありません。

### 〈参考〉

関係代名詞を入れるのか、関係副詞を入れるのか、迷う人は空欄の後ろが完全な文章であれば関係副詞を、空欄の後ろの文章の主語や目的語が抜けていたりで、不完全な文章であれば関係代名詞を入れる、と覚えておきましょう。

### 〈問題文の訳〉

男女間の賃金格差は、民間部門に比べ女性の週給が男性の週給の 80 パーセントである公的部門のほうがはるかに小さいです。

───【おさえよう、この問題のポイント】───

関係副詞には、where、when、how があります。
「前置詞＋関係代名詞」に書き換えられる場合には関係副詞を選びましょう。

# 第29問

★★★★

できたら……○
できなかったら…×

●次の選択肢の中から正しいものを選びなさい。

Five-hundred employees must be transferred to the computer-systems development division prior to the date on ( ) the new CEO arrives at his post.

Ⓐ that

Ⓑ what

Ⓒ which

Ⓓ where

---

【単語の意味】

**transfer** [trænsfə́:r] ……………転任させる
**division** [divíʒən] ………………部門、部
**prior to** ……………………………〜より前に、〜に先立って
**CEO** ……(chief executive officer の省略) 最高経営責任者

〈4章 それでもがんばれ30問〉 279

## 〈答え〉 ⓒ which

## 〈解説〉
前置詞を伴う関係代名詞の問題です。
通常の関係代名詞の問題に比べると間違える人の多い問題です。
この問題が難しい理由は、関係代名詞に前置詞 on が伴っているからです。
もともと、この on は「arrives on」の on が関係代名詞 which の前に出てきたものです。
ですから、関係代名詞 which の先行詞は「the date」です。
that を選んだ人がいると思いますが、that は前置詞 on を伴うことはできません。
what は先行詞が含まれている関係代名詞なのでだめ、where は関係副詞なのでだめです。

## 〈問題文の訳〉
新しい CEO が着任する日までに、500 人の従業員をコンピューターシステム開発部に転属させなければなりません。

────**おさえよう、この問題のポイント**────
関係代名詞の前に前置詞が付いている場合には、先行詞が物であれば関係代名詞の which を選びましょう。前置詞が付いている場合には関係代名詞の that は使えません。

# 第30問

★★★★★

できたら……………○
できなかったら…×

● 次の選択肢の中から正しいものを選びなさい。

Because the defendant was very famous and because many moral issues were involved, the court decided to try the case with an (　　) speed.

Ⓐ unprecedented

Ⓑ unimpressed

Ⓒ immovable

Ⓓ impenetrate

---

【単語の意味】

**defendant** [diféndənt] ……………………… 被告
**moral** [mɔ́rəl] …………………………………… 道徳の、倫理上の
**issue** [íʃuː] ……………………………………… 問題
**court** [kɔ́ːrt] …………………………………… 裁判所
**case** [kéis] ……………………………………… 事例

〈答え〉Ⓐ unprecedented

〈解説〉
単語の問題です。
選択肢のうち、speed を修飾できるのはⒶの unprecedented「先例のない」だけです。
Ⓑの unimpressed「感動しない」やⒸの immovable「不動の」は speed の説明にはなりません。
また、Ⓓの impenetrate は「深く浸透する」という意味の動詞なので、文法的に間違いであることがすぐにわかります。
単語の問題は、全文を読んで、意味を考えなければならないので、文法問題に比べて時間がかかります。
unprecedented は少し難しい単語ですが、過去に出題されたことがあります。
単語の問題はカバーしなければならない範囲を特定しにくいですが、この問題のように少し難しいけれど外資系で仕事をするインテリが使う単語は出題されることがあります。
高得点者向けの問題です。

〈問題文の訳〉
被告が大変有名で、かつ、多くのモラル上の問題が含まれていたので、裁判所は先例のないスピードでその事件を裁判にかけることに決めました。

―――― おさえよう、この問題のポイント ――――
unprecedented は「先例のない」という意味の形容詞です。

**読むだけでスコアアップ！**

# リスニング用アイテム

教室参加者の中には、時々独自の勉強法をあみだすのがとても上手な方がいます。

外資大手IT系企業に勤務の44歳男性のKさんは、リスニングセクション勉強法の天才でした。

彼はリスニングセクション200点台前半で参加をし、教室終了前、つまり2ヶ月足らずでリスニングセクションを420点に上げました。通勤時間、勤務中の移動時間は1分たりとも無駄にすることなく、ひたすら公式問題集3冊のリスニングセクションを、私が教えた手法で聞き続けていたようです。歩いている時は問題文やトランスクリプトを見られないため、パート(3)や(4)の問題の先読みができないので、パート(2)のリスニングにあてていたようです。電車の中では問題文やトランスクリプトが見られるので、パート(3)と(4)を先読みをしながら聞き込んだそうです。

彼が愛用していた小道具が「ノイズリダクションイヤホン」です。これは、周囲の雑音をカットし、iPodなどの音を快適に聞くことができるイヤホンで、通常のイヤホン

**読むだけでスコアアップ！**

より少し高いのですが、リスニング力が弱い人には向いているそうです。彼は京浜東北線というメチャクチャ混みあう、かつ音のうるさい電車で通勤しており、このイヤホンがリスニング力強化にとても有効だったそうです。

英語を聞き取れない最初のうちはこのイヤホンを使い、少しリスニング力がついてくると普通のイヤホンに替えて練習。また仕事の帰りが11時頃と疲れた体をひきずって電車に乗るため、余力のある朝は普通のイヤホン、帰りは楽に聞ける「ノイズリダクションイヤホン」と使い分けたそうです。TOEICは会場によって音響の悪い場所があります。その場合に備えて音が聞こえにくい環境でも聞き慣らす必要があり、「ノイズリダクションイヤホン」だけでもダメだそうで、特にテスト前の1～2週間は、「ノイズリダクションイヤホン」ではなく、普通のイヤホンで聞き続けたということです。

また、公式問題集にあきたら、公式問題集を1.3倍速にして聞くという方法をとっている教室生も多く、その小道具としては倍速付きのボイスレコーダーもありますし、iPod本体でも簡単に1.3倍速にできるそうです。

# 5章

## 倒れるまでがんばれ 32問

# 第1問

★★★

できたら………○
できなかったら…×

● 次の選択肢の中から正しいものを選びなさい。

( ) the company advertising campaign on television was launched, the sales results were noticeably favorable.

Ⓐ While

Ⓑ Except for

Ⓒ Once

Ⓓ Afterward

---

### 【単語の意味】

**advertising** [ǽdvərtàiziŋ] ……………広告の
**launch** [lɔ́:ntʃ] ……………………………始める、着手する
**noticeably** [nóutəsəbli] ………………著しく、目だって
**favorable** [féivərəbl] …………………好意的な、都合のよい

〈5章 倒れるまでがんばれ32問〉 **287**

### 〈答え〉 ⓒ Once

### 〈解説〉

接続詞の問題です。

once には接続詞と副詞があり、接続詞は「いったん〜すると」という意味で、副詞は「かつて、いったん」という意味です。

この英文は節（S+V）と節（S+V）を結んでいるので、接続詞を入れなければならないということがわかります。接続詞はⒶの While とⒸの Once だけです。

While（〜している間に、だが一方）では英文の意味が通りませんが、Once「いったん〜すると」であれば英文の意味が通るので、Once が正解です。

最近は「いったん〜すると」という意味の接続詞の once の出題頻度が高いですが、2〜3年くらい前までは「かつて」という意味の副詞の once のほうが出題頻度が高く、接続詞の once はあまり出題されませんでした。

同じ once でも出題のされ方に変化が見られますが、今後も出題の流れが変わることもあるので接続詞、副詞両方の意味と使い方を覚えておきましょう。

### 〈問題文の訳〉

会社がいったんテレビで広告キャンペーンを始めるとすぐに、販売結果が極めて好調になりました。

——————おさえよう、この問題のポイント——————

once には接続詞と副詞があり、接続詞は「いったん〜すると、〜するやいなや」、副詞は「かつて、いったん」という意味です。

# 第2問

★★★

できたら…………○
できなかったら…×

●次の選択肢の中から正しいものを選びなさい。

After many unsuccessful attempts, the pharmaceutical company was (　　) able to develop a cancer drug which would meet the high standards of the Ministry of Health and Welfare.

Ⓐ negatively

Ⓑ conclusively

Ⓒ finally

Ⓓ securely

---

【単語の意味】

**unsuccessful** [ʌ̀nsəksésfl] ……………失敗の、失敗した
**attempt** [ətémpt] ………………………試み
**pharmaceutical company** ……………製薬会社
**develop** [divéləp] ………………………開発する
**cancer** [kǽnsər] …………………………がん
**standard(s)** [stǽndərd] ………………基準、標準

〈5章　倒れるまでがんばれ32問〉 **289**

## 〈答え〉 Ⓒ finally

## 〈解説〉

適切な意味の副詞を選ぶ問題です。

選択肢はすべて副詞なので、どれを入れるべきかは意味を考えて判断します。

コンマより前で「多くの試みが失敗した」と言っていて、コンマより後ろで「がん治療の薬の開発ができた」と言っているので、この英文の意味が通るためには「ついに、とうとう」という意味の副詞 finally を入れればいいとわかります。

さまざまな意味の副詞が選択肢に並び、その中から適切な意味の副詞を選ぶというタイプの問題は最近は頻繁に出題されています。さまざまな副詞が出ますが、finally も数回出題されています。適切な意味の副詞を選ぶ問題では英文を読んで意味を考えなければならないので、一種の語彙問題です。

適切な副詞を選ぶ問題が出る場合、以前は「現在完了とともに使う副詞」が出ることが多く比較的簡単でしたが、最近はさまざまな時制でいろいろな副詞を入れさせる問題が増えました。

## 〈問題文の訳〉

何度も試みては失敗しましたが、とうとうその製薬会社は厚労省が定めた高い基準を満たすがん治療薬を開発することができました。

────── **おさえよう、この問題のポイント** ──────

finally は「ついに、とうとう」という意味の副詞です。

# 第3問

★★★

できたら………○
できなかったら…×

●次の選択肢の中から正しいものを選びなさい。

The president is willing to meet any of his employees, but they are asked (　　) in advance of meeting him.

Ⓐ calling

Ⓑ to call

Ⓒ be called

Ⓓ call

---

### 【単語の意味】

**willing** [wíliŋ] ……………………………… 快く〜する
**employee** [emplɔ́ii:] ………………………… 従業員
**in advance** ………………………………… あらかじめ、事前に

〈5章　倒れるまでがんばれ32問〉　291

〈答え〉Ⓑ to call

〈解説〉

適切な動詞の形を問う問題です。

ask 人 to ～で「人に～して欲しいと頼む」という意味になります。

but 以降は受動態になっていますが、能動態で書き換えると問題のポイントが簡単にわかります。能動態で書き換えると、この「ask 人 to ～」の表現が使われていて、the president asked them (to call) in advance of ～ になります。

この問題で問われているのは、(　)の部分、to call です。

したがって正解はⒷの to call だとわかります。

they are asked to call は、「彼らは電話をするよう求められている」という意味になります。

適切な動詞の形を問う問題は、ほぼ毎回出題されます。

〈問題文の訳〉

その社長は社員なら誰とでも会うことをいといませんが、社員は会う前には連絡を入れるようにと言われています。

───おさえよう、この問題のポイント───

ask 人 to ～「人に～して欲しいと頼む」という言い方を人を主語にして受動態の英文にすると、「人 are asked to ～」という形になります。

# 第4問

★★★

できたら……………○
できなかったら…×　□□□

●次の選択肢の中から正しいものを選びなさい。

Bantas Airlines has begun to offer massage service in its business class lounge, so its (　　) company, Bingadore Airlines has decided to do the same.

Ⓐ prosperous

Ⓑ leading

Ⓒ rival

Ⓓ opposing

---

### 【単語の意味】

**offer** [ɔ́fər] ……………………………………提供する、申し出る
**lounge** [láundʒ] ………………………………ラウンジ、休憩室

〈5章　倒れるまでがんばれ32問〉 **293**

〈**答え**〉 Ⓒ rival

〈**解説**〉
単語の問題です。
単語の問題は英文を読んで全体の意味を考えなければなりません。
この英文では、Bantas Airlines がさまざまなサービスを始めたので、Bingadore Airlines も同じサービスを始めると述べています。英文の内容から、Bantas Airlines と Bingadore Airlines は互いに競争相手だとわかります。
競合企業のことは rival company と言うので、正解はⒸの rival だとわかります。
この1～2年で数度出題された単語問題です。
rival company という表現はビジネスではよく使います。外資系企業に勤務していて仕事で日常的に英語を使っている人にとっては簡単な問題です。外資系企業で働いていて、普通英語で仕事をしている人が使っている単語の出題が増えていると考えれば、高得点を狙う場合の単語問題の勉強方法もわかるはずです。

〈**問題文の訳**〉
バンタス航空がビジネスクラスのラウンジでマッサージのサービスを始めたため、ライバル会社であるビンガドール航空も同じサービスを提供することにしました。

───── **おさえよう、この問題のポイント** ─────
「競合企業、ライバル会社」のことを rival company と言います。ビジネスで頻繁に使われる表現です。

# 第5問

★★★

できたら…………○
できなかったら…×

● 次の選択肢の中から正しいものを選びなさい。

The cruise ship is ( ) a large discount to those customers who make their purchase one year in advance.

(A) providing

(B) suggesting

(C) offering

(D) accepting

---

### 【単語の意味】

cruise ship ……………………………… 大型客船
discount [diskáunt] …………………… 値引き、割引
make a purchase ……………………… 購入する
in advance ……………………………… あらかじめ、事前に

〈5章 倒れるまでがんばれ32問〉 **295**

〈答え〉Ⓒ offering

〈解説〉
単語の問題です。
単語の問題は英文を読んで意味を考えなければなりません。
空欄の前は cruise ship「大型客船」で、後ろは large discount「大幅値引き」なので、「提供する、提案する」という意味の動詞 offer の現在分詞 offering を入れれば、「大型客船は大幅な値引きを提供している」と、英文の意味が通ります。
Ⓐの providing を選んだ人もいると思いますが、provide の場合、provide a large discount for those customers と前置詞には to ではなく for を使います。
offer という単語を問う問題は、最近数度出題されていますが、頻繁に使う動詞なので正解できる問題です。
パート(5)のおよそ半分が熟語問題を含む語彙問題です。日頃から多くの英文を読み、英文の中で単語を覚えることが重要です。

〈問題文の訳〉
大型客船は1年前に旅券を購入するお客に大幅な値引きを提供しています。

―――― **おさえよう、この問題のポイント** ――――

offer は「提供する、提案する」という意味の動詞で、TOEIC ではパート(5)で出題されるだけでなく、リスニング、リーディングセクション全般を通して頻繁に使われる単語です。

# 第6問

★★★

できたら…………○
できなかったら…×

●次の選択肢の中から正しいものを選びなさい。

The file clerk decided to change the location of ( ) filed item because many people complained about the difficulty of locating materials that they needed.

Ⓐ all

Ⓑ every

Ⓒ few

Ⓓ most

---

### 【単語の意味】

**clerk** [klə́ːrk] ……………………………………………事務員
**item** [áitəm] ………………………………………………細目、品目
**complain** [kəmpléin] ………………………………苦情を言う
**locate** [lóukeit] ………………………………………探し出す
**material** [mətíəriəl] …………………………………資料、原料

〈5章 倒れるまでがんばれ32問〉 297

〈答え〉Ⓑ every

〈解説〉
単数名詞を修飾する語の問題です。
空欄の少し後ろの名詞が item と単数になっている点がこの問題のポイントです。
item は可算名詞なので、all、few、many の後ろであれば items と複数形になります。
ここでは後ろに item と単数名詞が続いているので、単数名詞を修飾する every が正解です。
問題のポイントを気付きにくくさせようと、item の前に filed という過去分詞を置いています。filed は形容詞の働きをし、item を修飾しているので、空欄に入る語を選ぶ場合に見なければならないのは、filed ではなく item です。トリックにひっかからないようにしましょう。

〈問題文の訳〉
その文書係は、多くの人が必要なものを探すのが難しいと苦情を言っていたので、それぞれのファイルの置き場所を変えることに決めました。

―――――おさえよう、この問題のポイント―――――
every は「あらゆる」という意味で、単数の可算名詞を修飾します。

# 第7問

★★★

できたら…………○
できなかったら…×

●次の選択肢の中から正しいものを選びなさい。

The new plan encountered (　) opposition from various sections of the company.

Ⓐ many

Ⓑ few

Ⓒ much

Ⓓ all

---

### 【単語の意味】

**encounter** [enkáuntər] ……………………………**直面する**
**opposition** [àpəzíʃən] ……………………………**反対**
**various** [véəriəs] ……………………………………**いろいろな**

〈5章　倒れるまでがんばれ32問〉 **299**

## 〈答え〉 Ⓒ much

## 〈解説〉

不可算名詞を修飾する語の問題です。

opposition「反対」は、不可算名詞と可算名詞の両方があります。抽象的概念を表わす場合、不可算名詞として扱われ、個々の「反対意見」や「妨害行為」を意味する場合には、可算名詞として扱われ、複数形にすることができます。

問題文の空欄後の opposition には s がついていません。また空欄前に冠詞の a もついていないので、不可算名詞扱いであると考えられます。

したがって不可算名詞を修飾するⒸの much が正解になります。Ⓓの all も不可算名詞を修飾していますが、この英文では意味が通りません。

抽象的概念を表わすのか、具体的なものを表わすのかの判断を要する不可算名詞の問題は、不可算名詞の問題の中では、少し難しい問題ですが、忘れた頃に出題されることがあります。

## 〈問題文の訳〉

新しい計画は会社のいろいろなセクションから多くの反対にあいました。

────**おさえよう、この問題のポイント**────

opposition には、不可算名詞と可算名詞の両方があり、抽象的概念を表わす場合には不可算名詞として扱われ、具体的な「反対」を意味する場合には可算名詞として扱われます。

# 第8問

★★

●次の選択肢の中から正しいものを選びなさい。

Bryce Corporation had difficulty meeting its payroll even though it had increased sales by 10 percent (　) the past year.

**Ⓐ** of

**Ⓑ** within

**Ⓒ** over

**Ⓓ** at

---

**【単語の意味】**

**payroll** [péiròul] ……………………給料総額、給料支払い簿

〈答え〉 ⓒ over

〈解説〉
前置詞の問題です。
選択肢は、of 以外はいずれも時間を表わす場合に用いることのできる前置詞です。
しかし、Ⓑの within は「～以内に」という意味を表わすのでここでは使えません。
Ⓓの at は特定の時点を表わす語とともに用います。また、Ⓐの of もここでは使えません。
前置詞としての over には「～の間、～にわたって」という意味があり、この英文に用いると「過去1年にわたって」という意味になり、正解となります。
すぐに正解の over にたどりつける実力のある人は別として、この問題のように、選択肢に紛らわしい語が並んでいる場合には、消去法を使うと正解にたどりつけることが多いです。このパートに限らず、TOEIC では消去法が思いのほか有効です。

〈問題文の訳〉
ブライス会社は、過去1年間で売上げ高を10パーセント伸ばしたにもかかわらず、給料を支払うのが困難でした。

────**おさえよう、この問題のポイント**────
前置詞の over には「～の間、～にわたって」という意味があり頻繁に使われます。

# 第9問

★★★★

できたら……○
できなかったら…×

●次の選択肢の中から正しいものを選びなさい。

The dam construction project was expected to be close to (　) this year, but unfortunately met much bad weather.

Ⓐ complete

Ⓑ completion

Ⓒ completing

Ⓓ completed

---

### 【単語の意味】

**construction** [kənstrʌ́kʃən] ……………建設
**expect** [ikspékt] ………………………予期する、期待する
**close to** ……………………………………～に近い
**unfortunately** [ʌnfɔ́ːrtʃənətli] ………不運にも、残念ながら

### 〈答え〉 Ⓑ completion

### 〈解説〉
名詞の問題です。

close to ～は、「～」に名詞を入れ、「～に近い」という意味になります。また、close to の to は前置詞です。前置詞の後ろには名詞か名詞句が続くので、名詞であるⒷの completion を入れれば正しい英文になります。

close to の to を不定詞だと勘違いをした人は、間違って動詞の原形であるⒶを選んだはずです。

to には不定詞の to の他に前置詞の to もある、ということを覚えておきましょう。

### 〈問題文の訳〉
ダム建設プロジェクトは今年、ほぼ完成すると思われていましたが、あいにくひどく悪い天候にみまわれました。

———— おさえよう、この問題のポイント ————

close to ～の to は前置詞なので、後ろには名詞か名詞句が続きます。

close to ～は「～に近い」という意味で頻繁に使われる表現です。

# 第10問

★★★

できたら………○
できなかったら…×

●次の選択肢の中から正しいものを選びなさい。

The (　) sensitive US trade deficit with China fell slightly in December from $6.49 billion to $5.61 billion.

Ⓐ political

Ⓑ politician

Ⓒ politics

Ⓓ politically

---

### 【単語の意味】

**sensitive** [sénsətiv] ……………………… 敏感な、慎重を要する
**trade deficit** ……………………………… 貿易赤字
**slightly** [sláitli] …………………………… わずかに、少し

〈5章　倒れるまでがんばれ32問〉 **305**

## 〈答え〉 Ⓓ politically

## 〈解説〉

副詞の問題です。
選択肢に似た単語が並んでいる場合には、品詞問題かもしれない、と想像しましょう。
品詞問題では、空欄の前後が重要になります。空欄直後に、sensitive「慎重を期する、敏感な」という意味の形容詞がきています。
形容詞を修飾するのは副詞です。ですから、空欄直後のsensitive を修飾する副詞の politically を使えば正しい英文になります。
sensitive の後ろの名詞「US trade」の部分を修飾するものを選ぶのだと勘違いをして、名詞を修飾する形容詞の politicalを選んだ人がいるかと思いますが、間違いです。
空欄の直後の sensitive を修飾する語を選ばなければなりません。
副詞は、主に、動詞、形容詞、他の副詞、副詞句、文全体を修飾します。

## 〈参考〉

語尾に「ly」がついている場合は副詞だとすぐに気付きますが、語尾に「ly」がつかない副詞の場合よく間違えます。
very、well、often、seldom などがそうです。

## 〈問題文の訳〉

政治的に敏感な米国の対中貿易赤字は、12月に若干減少し、64億9千万ドルから56億1千万ドルになりました。

──────**おさえよう、この問題のポイント**──────
形容詞を修飾するのは副詞です。

# 第11問

★★★

できたら…………○
できなかったら…×

●次の選択肢の中から正しいものを選びなさい。

The American lawyer who was doing research on financial institutions was surprised to learn that the Japanese Cosmo Bank ranked (　) the largest banks in the world.

Ⓐ at

Ⓑ from

Ⓒ among

Ⓓ into

---

### 【単語の意味】

| | |
|---|---|
| **lawyer** [lɔ́iər] | 弁護士 |
| **financial institution** | 金融機関 |
| **surprise** [sərpráiz] | 驚かす |
| **rank** [rǽŋk] | 位置づける |

〈5章 倒れるまでがんばれ32問〉 **307**

## 〈答え〉 ⓒ among

## 〈解説〉

前置詞の問題です。

前置詞の問題は、英文を読みなれている人にとっては一瞬で解ける問題ですが、そうでない人にとっては迷う問題です。

rank「順位/地位をしめる」という動詞と、空欄の後ろの the largest banks の意味を考えれば想像がつきます。banks が複数形になっているのも大きなヒントになります。

among は「〜の間に、〜のうちで」という意味の前置詞です。

among はある集団に含まれている場合に使うので、後ろに複数形名詞がきます。

後ろに複数形名詞がきていたら、まず among を入れて訳してみましょう。

訳してみて意味が通れば、迷わずに among を選びましょう。この英文も、among を入れて「世界でもっとも大きい銀行の中にランクしている」と考えると意味が通ります。ですから among が正解です。

## 〈問題文の訳〉

金融機関の調査をしていたアメリカの弁護士は、日本のコスモ銀行が世界でもっとも大きい銀行の中に位置づけられているのを知って驚きました。

────── **おさえよう、この問題のポイント** ──────

among は「〜の間に、〜のうちで」という意味の前置詞です。among はある集団に含まれている場合に使うので、後ろに複数形名詞がきます。among を選ぶ問題では、後ろの複数形名詞が大きなヒントになります。

# 第12問

★★★

できたら……………○
できなかったら…×

●次の選択肢の中から正しいものを選びなさい。

The two owners of the used bookstore expected their business to be (　　) after two years.

Ⓐ profit

Ⓑ profiting

Ⓒ profitable

Ⓓ profited

---
【単語の意味】

**owner** [óunər] ……………………所有者、持ち主
**expect A to B** ………………………AがBすることを期待する
**profitable** [práfətəbl] ……………儲かる、利益になる

〈5章　倒れるまでがんばれ32問〉 **309**

〈答え〉 ⓒ profitable

〈解説〉

形容詞の問題です。

be 動詞の後ろには過去分詞や現在分詞がくることもありますが、「be 動詞の後ろは形容詞」がくる、という点を問う問題はよく出ます。

分詞がくるのか形容詞がくるのかは、空欄の前後を見て判断します。

空欄前後の英文を読むと、「利益が出ると期待する」という内容の英文にすればよさそうだとわかるので、形容詞を入れる問題ではないかと想像できます。

選択肢の中で、形容詞はⓒの profitable だけです。

「be 動詞の後ろには形容詞がくるが、一般動詞の後ろには目的語である名詞がくる」というポイントを問う問題は時々出ます。

〈問題文の訳〉

古本屋の 2 人のオーナーは、2 年後には彼らのビジネスは利益が出ると予想しました。

────**おさえよう、この問題のポイント**────

be 動詞の後ろには形容詞が、一般動詞の後ろには目的語である名詞がきます。

profitable のように able で終わる語は形容詞です。

# 第13問

★★★★

できたら……………○
できなかったら……×

●次の選択肢の中から正しいものを選びなさい。

Over the past five years, the EU's share of total world exports (　　) by a bigger proportion than that of the US, while Japan has held its share.

(A) fell

(B) will fall

(C) were fallen

(D) has fallen

---

【単語の意味】

**share** [ʃéər] ……………………………市場占有率、シェア
**exports** [ékspɔːrts] ……………………輸出商
**proportion** [prəpɔ́ːrʃən] ………………割合、比率

〈5章　倒れるまでがんばれ32問〉 **311**

### 〈答え〉 Ⓓ has fallen

### 〈解説〉
現在完了の問題です。
文頭に「Over the past five years」という、期間を表わす表現が使われています。
ですから、過去の一点を表わす過去形のⒶやⒸではなく、現在完了形（has fallen）を使わなければなりません。未来形はここでは使えません。現在完了がらみの問題は、さまざまな形で出題されます。一見簡単なようですが、出題パターンに慣れていないと間違えます。
現在完了形かどうかを見極めるポイントは、英文中に期間を表わす表現があるかどうかです。

### 〈問題文の訳〉
過去5年間、世界の輸出に占めるEUのシェアは米国のシェアに比べ大きく減少しましたが、日本のシェアは変わりませんでした。

──────**おさえよう、この問題のポイント**──────

「Over the past five years」という、期間を表わす表現が使われている場合には現在完了形を使います。期間を表わす表現があるかどうかに注意をしましょう。

# 第14問

★★★

できたら…………○
できなかったら…×

● 次の選択肢の中から正しいものを選びなさい。

It is expected that China will be forced to allow its currency (     ) in order to sustain competitiveness and growth.

Ⓐ slide

Ⓑ sliding

Ⓒ slided

Ⓓ to slide

---

【単語の意味】

**force** [fɔ́ːrs] ……………………………強制する
**currency** [kə́ːrənsi] ……………………通貨、貨幣
**sustain** [səstéin] ………………………維持する、支える
**competitiveness** [kəmpétətivnəs] ………競争力
**growth** [gróuθ] …………………………成長、発展

〈5章 倒れるまでがんばれ32問〉 313

## 〈答え〉 Ⓓ to slide

## 〈解説〉
動名詞と不定詞の問題です。

他動詞の allow は、「allow+目的語+to ～」の形で用いられることが多く、「allow A to B」で「AがBすることを許す」という意味になります。

Bの部分には動詞の原形が入ります。

したがって、空欄には to slide を入れれば正しい英文になります。

「allow A to B」は、A を主語にして「A is allowed to B」と受動態で使われることも多く、受動態がらみの表現が問題として出題されることもあります。

## 〈重要〉
expect や encourage も allow と同様、expect A to B「AがBすることを期待する」や、encourage A to B「AがBすることを奨励する」の形で用いられます。Aを主語にして受動態で使われることが多く、TOEIC にも出題されます。

allow と一緒に expect と encourage の使い方も覚えましょう。

## 〈問題文の訳〉
中国は、成長と競争力を維持するために、通貨の切り下げを容認せざるをえなくなるだろうと思われています。

───**おさえよう、この問題のポイント**───

allow は、「allow A to B（AがBすることを許す）」の形で用いられることが多く、Bの部分には動詞の原形が入ります。また、「allow A to B」は、Aを主語にして「A is allowed to B」と受動態で使われることも多いです。expect や encourage も同じような使い方をし、TOEIC にも時々出ます。

# 第15問

★★★

できたら………○
できなかったら…×

●次の選択肢の中から正しいものを選びなさい。

Unfortunately, the company does not feel that it has a duty to (　) a contribution to charity.

Ⓐ take

Ⓑ make

Ⓒ do

Ⓓ conduct

---
**【単語の意味】**

**unfortunately** [ʌnfɔ́ːrtʃənətli] ………不運にも、残念ながら
**duty** [djúːti] …………………………… 義務
**charity** [tʃǽrəti] ………………………… 慈善事業、慈善行為

〈5章　倒れるまでがんばれ32問〉 **315**

〈答え〉Ⓑ make

〈解説〉
適切な意味の動詞を選ぶ問題です。
「～に貢献する」という場合、動詞の「make」を用い、「make a contribution to ～」という言い方をします。ビジネスでよく使う meet、take、make、conduct などを使った表現については、日頃から気を付けて頭に入れるようにしましょう。
適切な意味の動詞を選ぶ問題が出る場合、1年くらい前まではビジネスでよく使う meet、take、make、conduct などの出題が多かったのですが、最近はさまざまな動詞が出始めました。日頃から多くの、特にビジネス系の英文を読むことがより重要になっています。

〈問題文の訳〉
残念ながら、会社はチャリティーに寄付する義務があるとは思っていません。

――――おさえよう、この問題のポイント――――
make a contribution to ～で「～に貢献する」という意味になります。make を使った慣用表現で重要なものには、他に make a reservation「予約する」、make an improvement「改良する」などがあります。

# 第16問

★★★★★

できたら………○
できなかったら…×

●次の選択肢の中から正しいものを選びなさい。

He took the CEO job with much expectation ( ) find that the company was heading toward bankruptcy.

Ⓐ only to

Ⓑ in order to

Ⓒ as to

Ⓓ as much as

----
【単語の意味】

**expectation** [èkspektéiʃən] ……………期待
**head toward ~** ………………………~へ向かって進む
**bankruptcy** [bǽŋkrʌptsi] ……………倒産

----

〈5章 倒れるまでがんばれ32問〉 **317**

## 〈答え〉 Ⓐ only to

## 〈解説〉

only to の問題です。

選択肢にはさまざまな表現が並んでいますが、英文の意味を考えるとⒶの only to でなければ意味が通りません。

結果を表わす不定詞の to の前に only をつけ、only to 〜で、「しかし結果は〜しただけだった」という意味になります。

少し難しい問題ですが、結果を表わす to はよく使われるので、その使い方から想像できるのではないかと思います。ただ、よく使われる表現なので、英文を読みなれている人であれば一瞬でわかる問題です。

最近出題された問題ですが、最近はこの問題のように問題集だけで練習をしている人には少し難しいけれど、日頃から英文を読んでいる人には簡単な問題が増えています。

## 〈問題文の訳〉

彼は大きな期待をもって CEO の職を引き受けましたが、結局わかったのは会社は倒産に向かっているということだけでした。

―――― **おさえよう、この問題のポイント** ――――

結果を表わす不定詞の to の前に only をつけ、only to 〜で、「しかし結果は〜しただけだった」という意味になります。
不定詞の to のさまざまな意味や使い方を覚えましょう。

# 第17問

★★★

できたら……………○
できなかったら…×

● 次の選択肢の中から正しいものを選びなさい。

Because the country did not have a national health insurance plan, the legislature was under ( ) to form one.

Ⓐ action

Ⓑ pressure

Ⓒ favor

Ⓓ crisis

------【単語の意味】------
national health insurance plan ………… 国民健康保険制度
legislature [lédʒislèitʃər] …………………… 議会、立法府
form [fɔ́ːrm] ………………………………… 作る

〈5章 倒れるまでがんばれ32問〉 319

〈答え〉 Ⓑ pressure

〈解説〉

熟語の問題です。

under pressure で「圧力を受けて」という意味で、よく使われる慣用表現です。

前置詞の under を使った慣用表現で TOEIC に出題されたことがあるのは、他に、

under control「支配されて、制御されて」
under warranty「保証期間中で」

などです。前置詞の under が問題として問われる場合もあります。

いずれもよく使われる表現です。日頃から多くの英文を読んでいると、どの前置詞が適しているか察しがつくようになります。

〈問題文の訳〉

その国には国民健康保険制度がなかったので、立法府はその策定を迫られていました。

―――― **おさえよう、この問題のポイント** ――――

under pressure は「圧力を受けて」という意味の慣用表現です。前置詞の under を使った他の慣用表現も出題されることがあります。

# 第18問

★★★★

できたら……………○
できなかったら…×

● 次の選択肢の中から正しいものを選びなさい。

The Three Seasons Hotel has put much effort into offering outstanding service and hospitality to its guests, so it has earned its well-deserved ( ).

Ⓐ credit

Ⓑ reputation

Ⓒ consequence

Ⓓ substance

---

### 【単語の意味】

**offer** [ɔ́fər] ……………………………… 提供する、申し出る
**outstanding** [àutstǽndiŋ] ……… 目立った、顕著な、優れた
**hospitality** [hɑ̀spətǽləti] ……… 歓待
**earn** [ə́ːrn] ……………………………… 獲得する
**well-deserved** ……………………… 受けるに値する、当然の

〈5章 倒れるまでがんばれ32問〉 **321**

〈答え〉 Ⓑ reputation

〈解説〉

単語の問題です。

単語の問題は英文を読んで全体の意味を考えなければなりません。コンマより前で、「ホテルはお客に対しさまざまな努力をした」と述べていて、コンマの後ろで、「受けるに値する〜を得るために」と言っています。意味を考えれば、選択肢の中で「〜」の部分に入る単語は reputation「評判」しかありません。

この問題が難しいのは、単語の問題だから英文全体の意味を考えようと思っても、空欄直前の well-deserved の意味がわからなければ、解答できないことです。

最近はこのように、単語の問題で空欄の前か後にヒントとなる単語があり、その単語が少し難しめという問題が増えています。

〈参考〉

reputation に関しては、develop a reputation という表現の「develop」を選ぶ単語の問題として出題されたこともあります。

〈問題文の訳〉

スリーシーズンズホテルは、これまでお客様に対して卓越したサービスともてなしの心を提供することに尽力してきたため、それにふさわしい評価を得ています。

——————**おさえよう、この問題のポイント**——————

reputation は「評判」という意味の名詞です。reputation 自体は簡単な単語ですが、well-deserved「受けるに値する」の意味がわからなければ解けない問題です。

# 第19問

★★

でき たら…………○
できなかったら…×

●次の選択肢の中から正しいものを選びなさい。

The personnel department was surprised to find that employees did five hours of overtime work ( ) average.

Ⓐ at

Ⓑ on

Ⓒ with

Ⓓ for

---

【単語の意味】

**personnel** [pə̀ːrsənél] ……………………………人事の
**surprise** [sərpráiz] ………………………………驚かす
**employee** [emplɔ́iiː] ………………………………従業員
**overtime work** ……………………………………残業

〈5章 倒れるまでがんばれ32問〉 323

〈答え〉Ⓑ on

〈解説〉

前置詞の問題です。

選択肢を見ると前置詞が並んでいるので、前置詞を選ぶ問題だとわかります。

空欄の前が five hours of overtime work「5時間の残業」で、空欄の後ろが average なので、「平均して」という意味にすればいいとわかります。「平均して」と言いたい場合には on average を使います。

よく使われる慣用表現なので、知っている人が多いと思います。

前置詞の問題は毎回5問前後出題されます。

以前は時を表わす前置詞と熟語・慣用表現の問題が多く、あたりがつけやすかったのですが、最近はさまざまな前置詞の使い方を問う問題が出題されます。熟語や慣用表現に使われている前置詞を問うこのような問題の出題は今も多いです。

〈問題文の訳〉

人事部は、従業員が平均5時間残業していることを知り、驚きました。

――――おさえよう、この問題のポイント――――

「平均して」と言いたい場合には、on average と前置詞の on を使います。

# 第20問

★★★

●次の選択肢の中から正しいものを選びなさい。

All persons entering the high-rise office building ( ) to provide photo identification in the form of driver's licenses in order to maintain a high degree of security for the building tenants.

Ⓐ is asked

Ⓑ ask

Ⓒ are asking

Ⓓ are asked

---

【単語の意味】

- **high-rise** ……………………………………高層の
- **provide** [prəváid] ……………………………提供する
- **identification** [aidèntəfikéiʃən] ……………身分証明(書)
- **security** [sikjúərəti] …………………………安全、無事
- **tenant** [ténənt] ………………………………借家人、入居者

## 〈答え〉 ⓓ are asked

## 〈解説〉

受動態の問題です。

ask は、「ask + 目的語 + to…」の形で使われることが多い動詞で、「〜に…するよう頼む」という意味になります。

ここでは、空欄の直後に目的語ではなく to provide が続いているので、受動態だとわかります。

理由は、受動態は他動詞の目的語が主語になるため、もとの英文に目的語が 2 つある英文を除けば、目的語がくることはないからです。

受動態なのか、能動態なのかの判断は、英文を読んで主語と動詞の関係を考えればわかります。

entering 〜と現在分詞を使って主語を修飾させ、主語がわかりにくくなっていますが、この英文の主語は All persons です。主語が複数なので主語に合わせ、be 動詞には are を使い受動態であるⓓの are asked を選べば正しい英文になります。

## 〈問題文の訳〉

その高層ビルに入るすべての人は、入居者の高い安全性を維持するために、運転免許証のような写真付きの身分証明書を提示するよう求められています。

———おさえよう、この問題のポイント———

主語は All persons です。能動態の英文なのか受動態の英文なのかは、主語と動詞の関係を考えればわかります。

# 第21問

★★★

できたら……………○
できなかったら…×

●次の選択肢の中から正しいものを選びなさい。

In order to cut back on expenses, the department canceled its (　) to the morning newspaper.

Ⓐ subscription

Ⓑ assertion

Ⓒ description

Ⓓ manuscript

---
### 【単語の意味】

cut back ……………………………………………削減する
expenses [ikspénsəz] ……………………………経費、費用
department [dipá:rtmənt] ………………………部

〈5章　倒れるまでがんばれ32問〉

〈答え〉Ⓐ subscription

〈解説〉

単語の問題です。

単語の問題は英文を読んで英文全体の意味を考えなければなりません。

英文を読んで意味を考えると、「定期購読、予約購読」という意味の「subscription」しか入りません。Ⓑの assertion「主張」、Ⓒの description「記述」、Ⓓの manuscript「原稿」、いずれも英文の意味が通りません。

名詞の subscription と合わせて、動詞の subscribe「定期購読する、予約購読する」も出ることがあるので一緒に覚えましょう。

名詞の subscription も、動詞の subscribe も、subscription や subscribe の後ろに定期購読する雑誌などの対象物がくる場合には to を使います。

subscription も subscribe も、パート(5)、(6)以外に、リスニングセクションやパート(7)の手紙文で使われることが多く、重要な単語です。

単語の問題は、ファーストインスピレーションでわからなければ、いくら考えてもわからないものが多いです。わからない単語の問題で必要以上の時間を使わないで、どれかにつけて次に進みましょう。

〈問題文の訳〉

経費を削減するために、その部は朝刊の定期購読をキャンセルしました。

―――― おさえよう、この問題のポイント ――――

subscription は「定期購読、予約購読」という意味の名詞です。動詞は subscribe で「定期購読する、予約購読する」という意味です。

# 第22問

★★

できたら…………○
できなかったら…×

●次の選択肢の中から正しいものを選びなさい。

The delivery company promised overnight delivery but (　) a higher cost.

Ⓐ with

Ⓑ on

Ⓒ at

Ⓓ in

---

【単語の意味】

**delivery** [dilívəri] ……………………配送、配達
**promise** [práməs] ……………………約束する
**overnight** [óuvərnàit] ………………翌日配達の、夜通しの

〈5章　倒れるまでがんばれ32問〉

〈答え〉ⓒ at

〈解説〉
前置詞の問題です。
選択肢には前置詞が並んでいるので前置詞の問題だとわかります。
また、空欄の後ろは higher cost になっています。
「価格が〜で」という場合、前置詞は at を使います。at は他にも場所、時や方向を表わす場合などに使います。
パート(5)と(6)を合わせると、前置詞の問題は毎回 5 問前後出題されます。
以前は時を表わす前置詞や熟語や慣用表現の一部の前置詞を問う問題が多かったのですが、最近はさまざまな問題が出題されています。日頃から英文を読むようにし、その中で使い方を覚え、語感を鍛えることがより重要になっています。

〈問題文の訳〉
配送会社は費用は少し高いけれど翌日配送を約束しました。

──────**おさえよう、この問題のポイント**──────
「価格が〜で」という場合、前置詞は at を使います。
ちなみに、at a cost of 〜だと「〜の費用で」という意味になり、やはりよく使われる表現です。

## 第23問

★★

●次の選択肢の中から正しいものを選びなさい。

The electric wires for the office were buried in the floor rather (　) in the ceiling.

Ⓐ to

Ⓑ of

Ⓒ than

Ⓓ as

---

### 【単語の意味】

**electric wire** ……………………………………電線
**bury** [béri] ……………………………………………埋める
**ceiling** [síːliŋ] …………………………………………天井

**〈答え〉** ⓒ than

**〈解説〉**

rather than の問題です。

「A rather than B」で、「B よりはむしろ A」という意味の表現です。

この問題の場合、空欄直前に rather があるので選択肢は than かな、とあたりをつけてください。「rather than」はよく使う表現で、知っている人が多く、簡単な問題です。

熟語や慣用表現の問題は、同じようなものが、繰り返し出題されることが多いので、単語問題に比べると勉強の効果が出やすいです。

**〈問題文の訳〉**

事務所の電気の配線は、天井ではなく、床に埋められました。

────**おさえよう、この問題のポイント**────

A rather than B で、「B よりはむしろ A」という意味でよく使われる表現です。

# 第24問

★★★

できたら………○
できなかったら…×

●次の選択肢の中から正しいものを選びなさい。

The secretary-general of the conference asked his secretary to (　) the dates which had been reserved at the hotel for the forthcoming meetings.

Ⓐ very

Ⓑ variety

Ⓒ verify

Ⓓ vary

---
### 【単語の意味】

secretary-general ……………………………事務総長
conference [kánfərəns] ……………………会議
secretary [sékrətèri] ………………………秘書
reserve [rizə́:rv] ……………………………予約する
forthcoming [fɔ́:rθkʌ́miŋ] …………………来るべき

---

〈5章 倒れるまでがんばれ32問〉 333

### 〈答え〉Ⓒ verify

### 〈解説〉
似かよった単語の問題です。
選択肢には似かよったスペルの単語が並んでいます。
似かよった単語の問題は一種語彙問題なので、英文を読んで意味の通るものを選ばなければなりません。
この英文の動詞の部分は、ask + 目的語 + to ~ で「~に…するように頼む」という意味です。
この to は不定詞の to なので、後ろには動詞の原形が続きます。選択肢の中で動詞はⒸの verify とⒹの vary ですが、vary「変える」では話がつながりません。
verify「確認する」であれば英文の意味が通ります。

### 〈問題文の訳〉
会議の事務総長は秘書に、近く開かれる会議のためにそのホテルに予約されている日程を確認するよう頼みました。

──────おさえよう、この問題のポイント──────
verify は「確認する」という意味の動詞で、ビジネスで頻繁に使われる単語です。

## 第25問

★★

●次の選択肢の中から正しいものを選びなさい。

The police began (　　) all members of the city council to see who had been guilty of taking bribes.

Ⓐ investigation

Ⓑ investigate

Ⓒ investigated

Ⓓ investigating

---
**【単語の意味】**

**city council** ……………………………………市議会
**guilty** [gílti] ……………………………………罪を犯した
**bribe** [bráib] ……………………………………賄賂

〈5章　倒れるまでがんばれ32問〉 335

〈答え〉 ⓓ investigating

〈解説〉
動名詞の問題です。
他動詞には目的語に「動名詞しかとれないもの」、「不定詞しかとれないもの」、「両方とれて意味が同じもの」、「両方とれるが意味が異なるもの」があります。
begin は動名詞も不定詞も「両方とれて意味が同じもの」です。両方とれるので選択肢に、不定詞の to investigate があれば正解になりますがここではないので、動名詞の investigating が正解になります。
それぞれの他動詞がどのような使い方をするかは、参考書を使って一度きちんと覚えておきましょう。

〈問題文の訳〉
警察は、誰が収賄罪を犯したかを調べるため、市議会議員全員の取り調べを始めました。

――――――おさえよう、この問題のポイント――――――
他動詞には、目的語に動名詞しかとれないもの、不定詞しかとれないもの、forget や remember のように両方ともとれるけれど意味が異なるもの、begin、start、like などのように両方とれて意味が同じものがあります。

# 第26問

★★★

●次の選択肢の中から正しいものを選びなさい。

The supermarket chain store had to decide whether to expand more in the domestic market ( ) to seek new markets abroad.

Ⓐ on

Ⓑ and

Ⓒ or

Ⓓ but

---

### 【単語の意味】

expand [ikspǽnd] ……………………………………拡大する
domestic market ………………………………………国内市場
seek [síːk] ……………………………………………求める、探す
abroad [əbrɔ́ːd] ………………………………………海外に

〈5章 倒れるまでがんばれ32問〉 **337**

〈答え〉Ⓒ or

〈解説〉

whether A or B の問題です。

whether A or B の用法を問う問題です。whether は whether A or B「A か または B か」や whether A or not「A かどうか」という形で、or とともに使われることが多いので、whether があれば、or が続くかもと考えてみてください。

この文では、「A か B か」という意味で、whether 以下は decide の目的語になっています。

簡単な問題ですが、問題のポイントをわかりにくくさせようと、挿入を使って、わざと whether と or の位置を離しているので、間違える人がいます。

この形のほかに、「whether + S（主語）+ V（動詞）」の形の問題も時々出題されます。

「whether + S + V」の形で、「S が V するかどうか」という意味になります。一緒に覚えておきましょう。

〈問題文の訳〉

そのスーパーマーケットチェーンは国内市場でさらに拡大するのか、または海外に市場を求めるのかを決めなければなりませんでした。

---**おさえよう、この問題のポイント**---

whether A or B で、「A または B か」という意味になります。whether は or とともに使われることが多いので、whether があれば or が続くかもと考えましょう。

# 第27問

★★★★★

●次の選択肢の中から正しいものを選びなさい。

The presidential spokesperson (　) questions from reporters of all the major newspapers and broadcasting networks.

Ⓐ acquired

Ⓑ invited

Ⓒ offered

Ⓓ provided

---

### 【単語の意味】

**presidential** [prèzədénʃl] ……………大統領の
**spokesperson** [spóukspə̀ːrsn] ………スポークスマン、報道官
**broadcasting network** ………………放送網

〈5章 倒れるまでがんばれ32問〉 339

### 〈答え〉 Ⓑ invited

### 〈解説〉
適切な意味の動詞を選ぶ問題です。
空欄前後の意味を考えます。大統領のスポークスマンが記者からの質問を「受ける」にすれば意味が通るとわかります。invite…from ~で「~に…を求める」という意味になります。invite =「招待する」で覚えている人は戸惑うかもしれません。普段から多くの英文を読み語感を鍛えている人は、inviteに「求める」という意味があることを知らなくても正答できるはずです。

最近のテストで出題された単語の使い方を問う問題です。適切な意味の動詞を選ぶ問題では、1年くらい前までは、ビジネスでよく使う meet、make、take、conduct など、出題される動詞がある程度決まっていましたが、最近は出題される動詞の範囲が広がり、語感を鍛えている人とそうでない人との間に差がつく問題が見られるようになりました。

800点以上を狙う人は、問題集を使っての勉強だけでなく、日頃から多くの英文を読むようにし、その中で単語の使い方を覚えましょう。

### 〈問題文の訳〉
大統領報道官は、すべての大手新聞社および放送局の記者から質問を受け付けました。

──────**おさえよう、この問題のポイント**──────

invite…from ~で、「~に…を求める」という意味になります。

# 第28問

★★★★

できたら………○
できなかったら…×

●次の選択肢の中から正しいものを選びなさい。

Mr. Jones transferred funds from one bank in America to ( ) in Hong Kong in order to pay for stocks which he had bought on the Hong Kong Stock Exchange.

Ⓐ the other

Ⓑ others

Ⓒ another

Ⓓ other

---
【単語の意味】

**transfer** [trænsfə́ːr] ……………………移す、移動させる
**fund** [fʌ́nd] ……………………………資金
**stock** [stάk] ……………………………株、株式
**stock exchange** ………………………証券取引所

〈5章 倒れるまでがんばれ32問〉 **341**

## 〈答え〉 ⓒ another

## 〈解説〉

熟語の問題です。

英文を読めば、「ある銀行から別の銀行に資金を移した」という意味なのではないかと想像できます。また、one bank in America to という表現の one と to がヒントになります。

from one ～ to another ～で「一つの～からもう一つの～へ」という意味の慣用表現です。

頻出問題ではありませんが、出題されたことのある慣用表現です。

## 〈参考〉

TOEIC では「another + 単数名詞」「other + 複数名詞」の部分を問う問題が出題されることがあります。形容詞の another を問う問題で、この問題とは関係ないのですが、形容詞の another も復習しておきましょう。

## 〈問題文の訳〉

ジョーンズさんは、香港証券取引所で買った株式の代金を支払うために、アメリカの銀行から香港の銀行に資金を移しました。

―――― **おさえよう、この問題のポイント** ――――

from one ～ to another ～で「一つの～からもう一つの～へ」という意味の慣用表現です。

# 第29問

★★★

できたら……○
できなかったら…×

● 次の選択肢の中から正しいものを選びなさい。

The clause in the contract specified that party A must give one month (　) to party B if the contract was to be abolished.

Ⓐ call

Ⓑ word

Ⓒ excuse

Ⓓ notice

---

### 【単語の意味】

| | |
|---|---|
| **clause** [klɔ́:z] | 条項 |
| **contract** [kɑ́ntrækt] | 契約（書） |
| **specify** [spésəfài] | 明記する、明確に述べる |
| **party** [pɑ́:rti] | 当事者、相手 |
| **abolish** [əbɑ́liʃ] | 廃する、廃止する |

〈5章 倒れるまでがんばれ32問〉 343

## 〈答え〉 ⒟ notice

## 〈解説〉

単語の問題です。

単語の問題は英文を読んで全体の意味を考えなければならないので、文法問題に比べ時間がかかります。

この英文を読めば、clause や contract から契約書の内容に関する英文だとわかります。

契約書関連の英文で、give one month の後に続くのは、選択肢の中では「通知」を表わす notice しかありません。give one month notice で「1 か月前に通知する」という意味になり、ビジネスで頻繁に使われます。

without notice「予告なしに」も過去に出題されたことのある表現で、やはりビジネスでよく使われるので一緒に覚えましょう。

## 〈問題文の訳〉

契約の条項には、契約が破棄される場合、A者はB者に1か月前に通知しなければならないと明記されていました。

———— **おさえよう、この問題のポイント** ————

give one month notice で「1 か月前に通知する」という意味になり、契約書などで頻繁に使われる表現です。

## 第30問

★★★

できたら…………○
できなかったら…×

● 次の選択肢の中から正しいものを選びなさい。

Paying into a private insurance retirement plan is (　　) more rewarding than paying into the government pension plan.

Ⓐ further

Ⓑ ever

Ⓒ much

Ⓓ like

---

### 【単語の意味】

**insurance** [inʃúərəns] ……………………保険
**retirement plan** ……………………………退職金制度
**rewarding** [riwɔ́ːrdiŋ] ……………………価値のある、報いのある
**pension plan** ………………………………年金制度

〈5章　倒れるまでがんばれ32問〉 **345**

### 〈答え〉 ⓒ much

### 〈解説〉

比較級の強調の問題です。

比較級を強調する場合、比較級の前に、「much」や「far」を付けます。

ですからⓒの much が正解です。最近は「far」より「much」の出題のほうが多いです。

ちなみに、最上級を強調する場合には、「ever」や「yet」や「by far」などを用いますが、最上級の強調の問題は TOEIC には出ていません。

比較級の強調の問題は忘れた頃にしか出ない問題ですが、一定期間をおいてコンスタントに出題されています。

### 〈問題文の訳〉

民間保険会社の退職金制度へ払い込むほうが、政府の年金制度に払い込むよりかなり有益です。

──────おさえよう、この問題のポイント──────

比較級を強調する場合、比較級の前に、「much」や「far」を付けます。

# 第31問

★★★★

できたら…………○
できなかったら…×

●次の選択肢の中から正しいものを選びなさい。

Individuals new to stock market investing should remain (　) that no matter how profitable investment may seem, there is always risk involved.

(A) awareness

(B) aware

(C) awarely

(D) awared

---
**【単語の意味】**

| | |
|---|---|
| individual [ìndəvídʒuəl] | 個人 |
| stock market | 株式市場 |
| invest [invést] | 投資する |
| no matter how | いくら〜でも |
| profitable [práfətəbl] | 儲かる、利益になる |
| involve [inválv] | 含む |

〈5章 倒れるまでがんばれ32問〉 **347**

### 〈答え〉Ⓑ aware

### 〈解説〉

第 2 文型の動詞（remain）の問題です。

remain のように第 2 文型を作る動詞は be 動詞と同じ性質を持ち、「remain＋補語」の形で使うことができ、「～のままである」という意味になります。

remain の後ろの補語の部分には形容詞が入る場合が多いです。ですから選択肢の中から形容詞の aware を選べば正解です。aware は「気がついて、知って」という意味です。

remain を be 動詞に置き換えて考えてみると、簡単に正答にたどりつけます。

第 2 文型を作る動詞は他にも become、grow、seem、stay などいろいろありますが、TOEIC には remain や become などが出題されています。

### 〈問題文の訳〉

株式投資を始めたばかりの個人は、投資がいかに儲かりそうでも、常にリスクがつきものであるということを忘れてはなりません。

―――― **おさえよう、この問題のポイント** ――――

remain のように第 2 文型を作る動詞は be 動詞と同じ性質を持ち、「remain＋補語」の形で使うことができ、remain の後ろの補語の部分には形容詞が入ることが多いです。

## 第32問

★★★

できたら……○
できなかったら…×

●次の選択肢の中から正しいものを選びなさい。

The influenza shot is (　　) for only a specific type of the flu and is not applicable for all types.

Ⓐ convenient

Ⓑ effective

Ⓒ usable

Ⓓ efficient

---

### 【単語の意味】

| | |
|---|---|
| **shot** [ʃát] | 注射 |
| **specific** [spəsífik] | 特定の、特有の |
| **flu** [flúː] | インフルエンザ |
| **applicable** [ǽplikəbl] | 適用できる |

〈5章 倒れるまでがんばれ32問〉 **349**

## 〈答え〉Ⓑ effective

## 〈解説〉
単語の問題です。
単語の問題は、英文を読んで全体の意味を考えなければなりません。
選択肢はすべて形容詞です。
Ⓐの convenient は「便利な」という意味、Ⓒの usable は「使用可能な」という意味で、両方ともこの英文には合いません。
Ⓑの effective とⒹの efficient の間で迷った方が多いと思います。
efficient は「効率がいい」という意味です。「効力のある」という意味のⒷの effective でなければこの英文の意味に合いません。
この問題では effective が正解ですが、efficient を正解として選ばせる問題も出題されます。efficient の使い方も一緒に覚えましょう。

## 〈問題文の訳〉
そのインフルエンザの注射は特定のタイプのインフルエンザにのみ効力があり、すべてのタイプには使えません。

―――**おさえよう、この問題のポイント**―――
effective は「効力のある」という意味の形容詞で時々出題されます。

**読むだけでスコアアップ！**

# 「すごい人」の話　完結編

『1日1分レッスン』シリーズの「ステップアップ編」と「新 TOEIC Test」のコラムで紹介した「すごい人の話」が好評で、「勉強がつらくなるとあのページを読み返しています」「あの話には勇気づけられます」と、さまざまな場所で耳にします。

郵便配達の仕事をしている方の奮闘記ですが、夏にコラム執筆のために電話インタビューをした際に「過去には11月は点数が出やすかったので、最後に11月だけ受けてみたら」と助言をしました。その 2007 年 11 月に受けたテストで、なんと 980 点を達成したそうです。L495 点、R485 点です。1 年半前に「パワーアップ編」を解いたものの半分しかできず、初受験で R が 335 点だった彼が 1 年 4 ヶ月で R485 点です。彼の努力のたまものです。

980 点をとって過去の自分を振り返っていかがですか？と聞いたら、700 点台の頃は全然わかってなかった、R が 350 点〜400 点の頃は何となくできた感じでテストの後あと味が悪かった、今は確実に読めている感じがするとのこ

**読むだけでスコアアップ！**

とです。

何でそこまで頑張れたのかというと「確固たる目的があったから」だそうです。

その目的とは「Japan Times の社説が読めるようになること」だそうです。TOEIC はそこにいたるただの過程なのだと思います。

力がついた今は『1日1分』シリーズを、音声を聞き、シャドーイングをし、目で英文を追い、と同時進行で英語の勉強に使っているそうです。

TOEIC は卒業したけれど、今も毎晩2時間かけて1日4000ワード〜4500ワード読むようにしているそうです。英文が少しずつ読めるようになったという成功体験が彼のモーティベーションになっているそうです。

最後に、読者のために毎日勉強を続けるヒントをとお願いしたところ「毎日の勉強をする時間帯を決めておくこと。休憩時間や移動時間などの細切れの空き時間を上手に使うこと」との答えが返ってきました。

すごい人はいまだにすごい人でした。

# 6章

## 新テスト・パート6 攻略のための厳選

# 12問

# 【例文1】
パート6の出題形式で、長文とその日本語訳を載せます。その後ろに、長文の一部を使った問題3問を載せています。

Date: December 20, 2008
To: All Employees
From: Jack Worthing, Human Resources Dept.
Re: Elevators

Access to our company is from elevators A, B and C which stop at floors 20-25.
The maintenance company has informed us that (1.   ) remodeling and improvement of services, elevator utilization will change for the period of reconstruction work.
   1. (A) without  (B) due to  (C) because  (D) while

From now on, employees in our company will have access to our floors through the use of elevators not only A, B, and C, (2.   ) also G, H, and I. They should be aware that elevators will operate between floors 15-35.
   2. (A) and  (B) or  (C) but  (D) nor

(3.   ) this makes three more elevators available to our employees, nevertheless, it will require more time to reach our company floors.
   3. (A) Despite  (B) Unless  (C) While  (D) Although

Please inform visitors with whom you come into contact that the elevator service has been changed.

## 【例文1　日本語訳】

2008年12月20日
従業員各位
ジャック　ワーシング：人事課
エレベーターに関して

現在、我が社への出入りは20階から25階に止まるエレベーターA、BとCを使用しています。
メインテナンス会社によると、エレベーターのモデルチェンジと改良のため、工事期間中、利用できるエレベーターが変更になるとのことです。

今後は、我が社の社員は、エレベーターA、B、Cだけでなく、G、H、Iも利用して会社に出入りできるようになります。エレベーターは15階から35階の間を運転することをご承知おきください。

これにより、我が社の社員にとっては利用できるエレベーターが3台増えますが、会社のある階に到達するには、より時間がかかることになります。

訪問者を見かけましたら、エレベーターの運転が変更されていることをお知らせしてください。

# 第1問

できたら……………○
できなかったら…×

● 次の選択肢の中から正しいものを選びなさい。

The maintenance company has informed us that ( ) remodeling and improvement of services, elevator utilization will change for the period of reconstruction work.

Ⓐ without

Ⓑ due to

Ⓒ because

Ⓓ while

---
【単語の意味】

maintenance [méintənəns] ……………………保守、維持
inform [infɔ́ːrm] ………………………………通知する
remodeling [remάdəliŋ] ………………………改造、改装
improvement [imprúːvmənt] …………………改良、改善
utilization [jùːtələzéiʃən] ………………………利用
reconstruction [rèkənstrʌ́kʃən] ………………改築、再建

〈6章 新テスト・パート6攻略のための厳選12問〉 **357**

## 〈答え〉 Ⓑ due to

## 〈解説〉

due to の問題です。

うっかりⒸの because を選んだ人がいるかと思います。

「because」は接続詞です。接続詞の場合には、後ろに節（S + V）がきます。Ⓓの while も接続詞なので後ろに節がきます。

空欄以下は、名詞句で、節ではありません。ですから because も while もここでは使えません。前置詞の働きをする前置詞句であるⒷの due to や前置詞であるⒶの without の後ろには名詞句がくるのでどちらかが正解だとわかります。英文の意味を考えれば、without「～しないで」は間違いだとわかります。Ⓑの due to であれば意味が通ります。

## 〈注意〉

選択肢は、ケアレスミスを誘おうと意図的に作られている場合も多いです。

前置詞句の because of が選択肢にあれば正解になりますが、選択肢にあるのは接続詞の because です。TOEIC は時間のない中で解くため、すぐに目がいく because を選びがちです。

## 〈問題文の訳〉

メインテナンス会社によると、エレベーターのモデルチェンジと改良のため、工事期間中、利用できるエレベーターが変更になるとのことです。

────**おさえよう、この問題のポイント**────

「～のために、～のせいで」という意味の英文にしたい場合、後ろが節の場合には「because、since、as」のいずれかを、後ろが名詞（句）の場合には「because of、due to、thanks to」のいずれかを使います。

# 第2問

できたら…………○
できなかったら…×

● 次の選択肢の中から正しいものを選びなさい。

From now on, employees in our company will have access to our floors through the use of elevators not only A, B, and C, (　) also G, H, and I.

(A) and

(B) or

(C) but

(D) nor

---

### 【単語の意味】

from now on ……………………………… 今後は
employee [emplɔ́ii:] ………………………… 従業員
access [ǽkses] …………………………… 出入り、接近

〈6章 新テスト・パート6攻略のための厳選12問〉 359

〈答え〉Ⓒ but

### 〈解説〉

熟語問題です。

空欄の少し前に not only があり、空欄の後ろに also があります。

熟語の「not only A but also B の問題だ」とすぐに気付いてください。

not only A but also B は「A だけでなく B も」という意味で頻繁に使われる熟語です。

この英文の空欄部分には but が入ります。

not only の一部が空欄になっている場合も、but also の一部が空欄になっている場合もあります。どの部分が空欄になっていても正解できるようにしましょう。

時々出題される問題です。

### 〈問題文の訳〉

今後は、我が社の社員は、エレベーター A、B、C だけでなく、G、H、I も利用して会社に出入りできるようになります。

──────**おさえよう、この問題のポイント**──────

not only A but also B は「A だけでなく B も」という意味の熟語です。

# 第3問

できたら…………○
できなかったら…×

● 次の選択肢の中から正しいものを選びなさい。

( ) this makes three more elevators available to our employees, nevertheless, it will require more time to reach our company floors.

Ⓐ Despite

Ⓑ Unless

Ⓒ While

Ⓓ Although

---

### 【単語の意味】

**available** [əvéiləbl] ……………………利用可能な
**nevertheless** [nèvərðəlés] ……………それにもかかわらず
**require** [rikwáiər] ……………………必要とする、要求する

〈6章 新テスト・パート6攻略のための厳選12問〉 **361**

〈答え〉Ⓓ Although

### 〈解説〉

接続詞の問題です。

空欄の後ろが節なので、空欄に入るのは接続詞だとわかります。したがって、前置詞であるⒶの Despite は使えません。選択肢の中で接続詞は、Ⓑの Unless、Ⓒの While、Ⓓの Although です。

Ⓑの Unless「〜でなければ」も、Ⓒの While「〜の間、一方では」も、英文の意味が通らないので間違いです。

接続詞であるⒹの Although であれば「〜にもかかわらず」という意味なので、英文の意味が通ります。

この問題のように、同じ意味の接続詞と前置詞が選択肢に並んでいて、「〜にもかかわらず」という意味にしたい場合、「空欄の後ろが節なら接続詞の although や though や even though、名詞（句）なら前置詞（句）の despite や in spite of」と、空欄の後ろの形を見るだけで解ける問題は多いです。ただ最近は、選択肢に全く異なる意味の接続詞と前置詞(句)が入り混じっているような問題も出題されるようになっています。そのような場合、品詞で選んだ後に英文全体の意味を考えて選ばなければならないので、解答により時間がかかります。

### 〈問題文の訳〉

これにより、我が社の社員にとっては利用できるエレベーターが3台増えますが、会社のある階に到達するには、より時間がかかることになります。

———— **おさえよう、この問題のポイント** ————

「〜にもかかわらず」という内容の英文にしたい場合、後ろが節であれば、although、though、even though を選びましょう。後ろが名詞（句）であれば、despite か in spite of を選びましょう。

362

# 【例文2】
パート6の出題形式で、長文とその日本語訳を載せます。その後ろに、長文の一部を使った問題3問を載せています。

Dear graduate of Dale University,

The Alumni Association is conducting a fund-raising campaign to build a new computer science building which is seriously needed to (1.　) the present obsolete facilities on campus.
　　1. (A) reimburse　(B) represent　(C) replace　(D) restrict

Many graduates who are engaged in the forefront of society will realize the importance of giving opportunities to current students. Computer technology advances with astonishing speed and students require the latest equipment in order to (2.　) themselves with this modern science.
　　2. (A) familiarization　(B) familiarize　(C) familiarizing
　　　 (D) have familiarized

Contributions, large and small to the building fund, will (3.　) that construction of the building can be carried out within two years. Please be assured that your contribution will be acknowledged.
　　3. (A) enhance　(B) develop　(C) secure　(D) ensure

## 【例文2　日本語訳】
デール大学卒業生の皆様

同窓会では、現在キャンパス内にある古くなった施設に代わる、新しいコンピュータ・サイエンス棟建設のための募金キャンペーンを行なっております。

社会の第一線で活躍していらっしゃる同窓生のうち、多くの方々が、今の学生たちに機会を与えることの重要性を認識していただけることと思います。コンピュータ技術は驚くべきスピードで進歩しており、この現代科学に精通するために、学生には最新設備が必要です。

額の大小にかかわらず建設基金への寄付金によって、施設の建設は必ず2年以内に実施されるでしょう。いただいたご寄付につきましては、間違いなくその受け取りを確認いたしますので、ご安心ください。

# 第4問

できたら………○
できなかったら…×

● 次の選択肢の中から正しいものを選びなさい。

The Alumni Association is conducting a fund-raising campaign to build a new computer science building which is seriously needed to (　) the present obsolete facilities on campus.

Ⓐ reimburse

Ⓑ represent

Ⓒ replace

Ⓓ restrict

---
【単語の意味】

**alumni** [əlʌ́mnai] ……………………………同窓会、校友会
**fund-raising** ………………………………募金、資金集め
**seriously** [síəriəsli] ………………………本気に、深刻に
**present** [préznt] ……………………………現在の
**obsolete** [ὰbsəlíːt] …………………………時代遅れの
**facility** [fəsíləti] ……………………………設備、施設

〈6章 新テスト・パート6攻略のための厳選12問〉 **365**

〈答え〉 Ⓒ replace

〈解説〉

単語の問題です。

単語の問題は英文を読んで、その意味を考えなければなりません。

英文の前半で、「同窓会が fund-raising campaign『募金運動』を行なっている」と言っています。また空欄後は「現在キャンパスにある古くなった施設」で、空欄前は「～する必要がある」です。これらを考えれば、空欄に replace を入れて、キャンパスの現在の古い施設を『取り替える』必要があるとすれば英文の意味が通ります。

replace は物を取り替える場合にも使われますが、人を取り替える場合、つまり人事的な意味でも使われます。2つの意味とも仕事で使うことが多いせいか、TOEIC ではリスニングセクションでもリーディングセクションでもよく使われる単語で、今までにもパート(5)や(6)で単語問題として出題されています。

〈問題文の訳〉

同窓会では、現在キャンパス内にある古くなった施設に代わる、新しいコンピュータ・サイエンス棟建設のための募金キャンペーンを行なっております。

——————おさえよう、この問題のポイント——————

replace は「取り替える」という意味で、物を取り替える場合にも、人を取り替える場合にも使われます。名詞の replacement も語彙問題として出題されたことがあります。

# 第5問

できたら……○
できなかったら…×

## ●次の選択肢の中から正しいものを選びなさい。

Computer technology advances with astonishing speed and students require the latest equipment in order to (　　) themselves with this modern science.

(A) familiarization

(B) familiarize

(C) familiarizing

(D) have familiarized

---

【単語の意味】

advance [ədvǽns] ……………………………進歩する
astonishing [əstánɪʃɪŋ] ……………………驚くばかりの
equipment [ikwípmənt] ……………………装置、機器
modern science ………………………………近代科学

〈6章 新テスト・パート6攻略のための厳選12問〉 **367**

**〈答え〉** Ⓑ familiarize

## 〈解説〉

適切な動詞の形を選ぶ問題です。
to には不定詞の to と、前置詞の to があります。
in order to「〜のために」の to は不定詞の to なので、後ろには動詞の原形が入ります。したがって動詞の原形であるⒷの familiarize「慣らす、習熟させる」が正解です。
不定詞の to の後ろの動詞の形を問う問題は、パート(5)、(6)ともに時々出題されます。

## 〈重要〉

この問題は「不定詞の to の後ろに動詞の原形がくる」というタイプの問題ですが、同じ to でも前置詞の to もあります。前置詞の to の後ろは名詞（句）がきます。
「不定詞の to」なのか、「前置詞の to」なのかを見分けましょう。
不定詞の to の後ろに続く動詞の形を問う問題はよく出ますが、前置詞の to の出題頻度は低いです。

## 〈問題文の訳〉

コンピュータ技術は驚くべきスピードで進歩しており、この現代科学に精通するために、学生には最新設備が必要です。

―――― **おさえよう、この問題のポイント** ――――

to には不定詞の to と、前置詞の to があります。
不定詞の後ろには動詞の原形が、前置詞の to の後ろには名詞（句）がくるため、前置詞の to の後ろに動詞の働きをする語を置きたい場合には動名詞を使います。

# 第6問

できたら……………○
できなかったら…×

● 次の選択肢の中から正しいものを選びなさい。

Contributions, large and small to the building fund will (　) that construction of the building can be carried out within two years.

Ⓐ enhance

Ⓑ develop

Ⓒ secure

Ⓓ ensure

---

【単語の意味】

**contribution** [kàntribjúːʃən] ……… 寄付、貢献
**fund** [fʌ́nd] ……………………………… 基金、資金
**carry out** ………………………………… 成し遂げる、実行する

〈6章 新テスト・パート6攻略のための厳選12問〉 **369**

〈答え〉 Ⓓ ensure

〈解説〉

単語の問題です。

単語の問題の中でも、特にこのような問題は英文全体を読んで意味を考えなければならないので、解答に時間がかかります。

空欄の後ろは that 節なので、後ろに that 節をとれて、意味が通る動詞を選ばなければなりません。

空欄前の「募金額の多寡に関係のないビル基金への募金」と、空欄の後の内容「ビルの建設が2年以内に遂行される」をつなぐことができる動詞は、「確実にする」を意味する ensure です。少し難しい単語ですが、ensure はビジネスでよく使う単語なので、日ごろ仕事で英語を使っている人にとっては簡単な問題です。

少し難しい単語ですが、数度出題されたことがあります。
外資系企業で働くインテリのアメリカ人が使いそうな単語は要注意です。

〈問題文の訳〉

額の大小にかかわらず建設基金への寄付金によって、施設の建設は必ず2年以内に実施されるでしょう。

―――――**おさえよう、この問題のポイント**―――――

ensure は「確実にする、保証する」という意味の動詞で、ビジネスでよく使われるせいか TOEIC にも時々出ます。

## 【例文3】
パート6の出題形式で、長文とその日本語訳を載せます。その後ろに、長文の一部を使った問題3問を載せています。

The purchase of a mutual fund can be a good business decision for the investor who lacks the time and expertise to judge which stocks he should wisely invest in. The investor may be at a loss because of the flood of information (1.　) the stock market.

 1. (A) with　(B) regarding　(C) to　(D) concerned

Mutual funds employ a number of experts (2.　) job is to analyze market trends and to evaluate corporate worth. The knowledge and experience of specialists employed by the mutual funds can benefit the individual investor.

 2. (A) whoever　(B) whose　(C) what　(D) which

Some funds add on a commission at the time of purchase while others add it on at the time of sale. Still others have no commission at all, so the individual who wishes to purchase a fund would be wise to take (3.　) of a fund with no commission at all.

 3. (A) measure　(B) step　(C) advantage　(D) time

## 【例文3　日本語訳】

投資信託の購入は、どの株に投資するのが賢明かを判断するための時間や専門知識のない投資家にとっては、取材を行なううえで適切な決断です。そうした投資家は株式市場に関する情報が大量にあるため、どうすればよいのかわからない場合があります。

投資信託では、市場の動向を分析し、企業価値を評価することを仕事とする多くの専門家を雇用しています。投資信託に雇用された専門家の知識と経験は個人投資家のお役に立つはずです。

投資信託によっては手数料が購入時に加算されるものや、売却時に追加されるものがあります。しかし、手数料のまったく付かないものもあります。ですから、投資信託の購入を考えている個人投資家は、手数料のまったくない投資信託を利用するのが賢明でしょう。

# 第7問

できたら…………○
できなかったら…×

● 次の選択肢の中から正しいものを選びなさい。

The investor may be at a loss because of the flood of information (　) the stock market.

(A) with

(B) regarding

(C) to

(D) concerned

---

### 【単語の意味】

**investor** [invéstər] ……………投資家
**at a loss** ……………………困惑して、途方にくれて
**flood** [flʌ́d] ……………………洪水、激しい流入

〈6章 新テスト・パート6攻略のための厳選12問〉 **373**

## 〈答え〉 Ⓑ regarding

## 〈解説〉

前置詞 regarding の問題です。

regarding は「～に関して」という意味の前置詞で、頻繁に使われる単語です。

空欄の前が「洪水のような情報で」後ろが「株式市場」なので、「～に関する」という意味の前置詞 regarding を入れて両方をつなげば、英文の意味が通ります。

前置詞 regarding と同じ意味で、前置詞の concerning があります。

regarding に比べると出題頻度が下がりますが、concerning が出題されることもあります。

Ⓓは concerning ではなく、concerned なので間違いです。

## 〈問題文の訳〉

そうした投資家は株式市場に関する情報が大量にあるため、どうすればよいのかわからない場合があります。

―――― **おさえよう、この問題のポイント** ――――

regarding は「～に関して」という意味の前置詞で頻繁に使われる単語です。

concerning も同じ意味で同じように使われます。一緒に覚えておきましょう。

# 第 8 問

できたら……○
できなかったら…×

●次の選択肢の中から正しいものを選びなさい。

Mutual funds employ a number of experts (　) job is to analyze market trends and to evaluate corporate worth.

Ⓐ whoever

Ⓑ whose

Ⓒ what

Ⓓ which

---
### 【単語の意味】

mutual fund ……………………………………投資信託
expert [ékspə:rt] ………………………………専門家
analyze [ǽnəlàiz] ………………………………分析する
market trend ……………………………………市況、市場動向
evaluate [ivǽljuèit] ……………………………評価する
worth [wə́:rθ] ……………………………………価値

〈6章 新テスト・パート6攻略のための厳選12問〉 375

〈**答え**〉 Ⓑ whose

〈**解説**〉
関係代名詞の問題です。
選択肢を見て、「関係代名詞の問題ではないか」と考えてください。英文の意味が通るためには、空欄の後ろは、「専門家 "の" 仕事は〜」という意味の英文にしなければならないとわかります。ということは、空欄に入る関係代名詞は、先行詞 experts「専門家」の所有格の働きをするものでなければなりません。
先行詞 experts は人なので、主格なら who、所有格なら whose、目的格なら whom になります。ですから、所有格の whose を入れれば正しい英文になります。
関係代名詞 which の変化は、which（主格）– whose（所有格）– which（目的格）です。
関係代名詞 who の変化は、who（主格）– whose（所有格）– whom（目的格）です。

〈**参考**〉
mutual fund はアメリカの投資信託のことですが、日本の投資信託とは少しシステムが違い、それぞれの mutual fund が会社のようになっていて、mutual fund に専門家がついていて、取締役会も開かれます。

〈**問題文の訳**〉
投資信託では、市場の動向を分析し、企業価値を評価することを仕事とする多くの専門家を雇用しています。

────**おさえよう、この問題のポイント**────
「先行詞の所有格」の働きをする関係代名詞は「whose」です。先行詞が物でも人でも whose になります。

# 第9問

できたら……○
できなかったら…×

●次の選択肢の中から正しいものを選びなさい。

Still others have no commission at all, so the individual who wishes to purchase a fund would be wise to take (　) of a fund with no commission at all.

Ⓐ measure

Ⓑ step

Ⓒ advantage

Ⓓ time

---

### 【単語の意味】

**commission** [kəmíʃən] ……………………………手数料
**individual** [ìndəvídʒuəl] ……………………………個人
**purchase** [pə́ːrtʃəs] ……………………………購入する

〈6章　新テスト・パート6攻略のための厳選12問〉**377**

## 〈答え〉 ⓒ advantage

## 〈解説〉

熟語の問題です。

熟語の問題は単語問題と同様、ある程度の長さの英文を読まなければならないため文法問題に比べ時間がかかります。

空欄前は動詞の「take」で、空欄後では「手数料のかからないファンドを〜」と言っています。

「〜」の部分に take で始まる熟語の一部の単語を入れればいいのでは、と想像できます。

選択肢の中で、「〜」の部分に入れて意味が通るのは、advantage「有利」のみです。

take advantage of 〜で「〜を利用する」という意味で、よく使われる熟語です。TOEIC にも時々出ます。

熟語は同じようなものが繰り返し出題されることが多く、単語問題に比べるとあたりがつけやすいです。

## 〈問題文の訳〉

しかし、手数料のまったく付かないものもあります。ですから、投資信託の購入を考えている個人投資家は、手数料のまったくない投資信託を利用するのが賢明でしょう。

────**おさえよう、この問題のポイント**────

take advantage of 〜は「〜を利用する」という意味の熟語で、頻繁に使われます。

## 【例文4】

パート6の出題形式で、長文とその日本語訳を載せます。その後ろに、長文の一部を使った問題3問を載せています。

We are pleased to announce a special summer sale open only to those customers with a Marsh's Department Store charge card. The sale will (1.   ) on Monday, August 10 and run through Saturday, August 15. Items discounted from 10 to 15 percent will be offered and displayed on each floor.

    1. (A) last   (B) close   (C) commence   (D) proceed

Every item will be exempt from the 8 percent sales tax. In addition, gift wrapping will be offered free of (2.   ). Home delivery of large items will be available at a minimum cost.

    2. (A) money   (B) credit   (C) charge   (D) pay

Cosmetics on the first floor will be discounted, however, perfume is not subject to this discount offer.

Charge customers who hold cards which will (3.   ) before August 10 should be sure to renew their card with us before August 9. We look forward to seeing as many of our charge card customers as possible.

    3. (A) exclude   (B) expire   (C) extend   (D) finish

## 【例文4　日本語訳】

マーシャズ・デパートのクレジットカード所有者のお客様だけを対象に開催される特別サマーセールのお知らせをいたします。セールは8月10日月曜日に始まり、8月15日土曜日まで続きます。各階の売場で10パーセントから15パーセントの割引商品を展示いたします。

すべての商品は8パーセントの消費税が免除されます。さらに、ギフト用包装は無料です。大型商品の宅配は最低限の料金にて承ります。

1階の化粧品は割引されますが、香水は今回割引対象外となります。

8月10日以前に期限切れとなるクレジットカードをお持ちのカード会員のお客様は、必ず、8月9日以前に更新をしていただくようお願いいたします。できるだけ多くのマーシャズ・デパートのカード所有者のお客様にお目にかかれることを楽しみにいたしております。

# 第10問

できたら…………○
できなかったら…×

● 次の選択肢の中から正しいものを選びなさい。

The sale will ( ) on Monday, August 10 and run through Saturday, August 15.

Ⓐ last

Ⓑ close

Ⓒ commence

Ⓓ proceed

---
【単語の意味】

sale [séil] ……………………………… セール、特売
run through ……………………………… (行事などが)〜まで続く

---

〈6章 新テスト・パート6攻略のための厳選12問〉 **381**

〈答え〉 Ⓒ commence

〈解説〉

単語の問題です。

単語の問題は、英文を読んで意味を考えなければなりません。

この英文の場合、「セールが8月10日の月曜日に始まり、8月15日の土曜日まで続く」とすれば意味が通ります。したがって、「始まる」の部分に該当する動詞である commence を入れれば正解となります。

commence は頻繁に使われる単語で、TOEIC でもパート(5)に限らず、パート(7)の長文などでもよく目にします。

最近では、パート(6)もパート(5)同様語彙問題が増えており、1題内の3問すべて語彙問題ということもあります。

〈問題文の訳〉

セールは8月10日月曜日に始まり、8月15日土曜日まで続きます。

──────**おさえよう、この問題のポイント**──────

commence は「始まる、開始する」という意味の動詞で頻繁に使われます。

# 第11問

できたら…………○
できなかったら…×

● 次の選択肢の中から正しいものを選びなさい。

In addition, gift wrapping will be offered free of ( ).

Ⓐ money

Ⓑ credit

Ⓒ charge

Ⓓ pay

---

### 【単語の意味】

in addition ……………………………………さらに、その上
wrapping [rǽpiŋ] ……………………………包み、包装紙
offer [ɔ́fər] ……………………………………提供する

〈6章 新テスト・パート6攻略のための厳選12問〉 **383**

**〈答え〉** ⓒ charge

## 〈解説〉

熟語の問題です。

単語の問題は英文全体を読まなければならない場合が多いのですが、この問題の場合空欄直前の free of を見ただけで、正解はⓒの charge だ！とわかるので、短時間で解くことができます。

free of charge は「無料で」という意味で頻繁に使われる慣用表現です。

簡単な問題なので、大半の人が正解できるはずです。

過去にパート(5)でも数度出題されている表現です。

## 〈問題文の訳〉

さらに、ギフト用包装は無料です。

――――**おさえよう、この問題のポイント**――――

free of charge は「無料で」という意味で頻繁に使われる慣用表現です。

# 第12問

できたら…………○
できなかったら…×

● 次の選択肢の中から正しいものを選びなさい。

Charge customers who hold cards which will ( ) before August 10 should be sure to renew their card with us before August 9.

Ⓐ exclude

Ⓑ expire

Ⓒ extend

Ⓓ finish

---

【単語の意味】

**customer** [kʌ́stəmər] ……………………………顧客、得意客
**renew** [rinjú:] ………………………………………更新する

〈6章 新テスト・パート6攻略のための厳選12問〉 385

〈**答え**〉 Ⓑ expire

〈**解説**〉

単語の問題です。

単語の問題は英文全体を読まなければならない場合が多いので、文法問題に比べ時間がかかります。

「8月10日前に期限切れとなるクレジットカードをお持ちのカード会員のお客様は～」とすれば英文の意味が通ります。

「有効期限が切れる、失効する」という意味の動詞であるⒷの expire が正解です。

パート(5)とパート(6)に出る問題は似ていますが、動詞の expire を問う問題も、名詞の expiration を問う問題も、パート(5)でも出題されたことがあります。

動詞の expire も名詞の expiration もビジネスで頻繁に使われる単語です。

〈**問題文の訳**〉

8月10日以前に期限切れとなるクレジットカードをお持ちのカード会員のお客様は、必ず、8月9日以前に更新をしていただくようお願いいたします。

───**おさえよう、この問題のポイント**───

expire は「有効期限が切れる、失効する」という意味の動詞で、頻繁に使われます。

名詞の expiration「期限切れ」も一緒に覚えましょう。

**読むだけでスコアアップ！**

# オフィスＳ＆Ｙの今と今後

　私がもっとも大切にしているのは、2ヶ月単位で八重洲で開催している「TOEICの教室」です。今やさまざまな理由で早急に点数を取得したいビジネスマン、ビジネスウーマンの「かけこみ寺」と化しています。参加者は私の本の読者が多いせいか、熱心な人が多いです。最近大学生の参加も増えてきたので、時間ができれば「大学生コース」も設けたいと思っていますが、開始時期は未定です。

　ネイティブの講師による「ビジネスライティング」のクラスを昨年秋より始めましたが、人気が高くすぐに満席になります。それだけ海外向けのメールやレポートなど、英文を書かなければならない状況が増えてきているのだと実感します。

　1年以上続いているネイティブの講師による「ビジネスディスカッション」クラスも好評です。ケネス先生による「ディベート」のクラスは話せる人限定ですが、1年に数回開催の予定です。ネイティブの先生は厳しい基準で選んでいるので、いずれのクラスも安心して参加いただけます。

**読むだけでスコアアップ！**

　今年前半には、昨年から半年以上かけて作成した「ニンテンドーDS」のソフトが発売されます。問題量も多く、付録にはTOEICテストに頻出の1000単語と類書「ステップアップ編」「英単語、これだけ」が掲載されています。もちろん、全パートを網羅していますが、パート(5)だけでも600問と問題量がかなり多いため、チェックと校正に多大な労力をかけ、他の人にもお手伝いいただき、徹夜も続きました。

　1日セミナーは、今年は名古屋で是非にと考えており、名古屋の後で時間が許せば大阪でも開くつもりです。

　仕事を手伝ってもらっている人や編集者との打ち合わせはもっぱら田町の事務所で行ない、急ぎや夜中の仕事は自宅で行ない、教室はビジネスマンが参加しやすい八重洲で開き、と3ヶ所の拠点を中心に動いています。

　今後とも「すみれ塾」をよろしくお願いします。

　　オフィスＳ＆Ｙ　代表　中村澄子

　　連絡先：book@sumire-juku.co.jp

　　ホームページ：http://www.sumire-juku.co.jp

　　メールマガジン：http://mag2.com/m/0000112188.htm

# ご案内

中村澄子先生の
「緑本」が、
DSソフトで遂に登場!

最も効率良く、
点数アップを狙えます。

- **中村澄子先生のベストセラーを完全収録**
  本当に必要な内容だけを徹底トレーニング。無駄な時間はとらせません!

- **充実のトレーニングモード**
  リスニング・リーディングのパート別や、単語・熟語を反復トレーニング!

- **1日1分レッスンモード(解説付き)**
  頻度の高い単語を1日1分レッスン!目標点数別(スコア500点〜)の重要問題を1日1分レッスン!

- **1週間集中プログラムで試験直前の短期トレーニング**
  試験日を設定すると、自動的に1週間の学習内容がプログラムされます!

- **実力テストモード**
  手軽に英語力が診断されます。あなたはTOEIC何点レベル?トレーニングを重ねて900点を目指せ!!

発売時期やソフトの情報はこちら,,, http://www.rocketcompany.co.jp/toeic/

製品内容及びパッケージデザインの仕様は予告なく変更することがございます。

NINTENDO DS・ニンテンドーDSは任天堂の登録商標です。

# 索引 INDEX

〈単語別〉では、【単語の意味】で紹介している重要単語・熟語類を、アルファベット順に並べました。

〈ジャンル別〉では、解説の説明に合わせて、全172問を問題のジャンル別に並べました。

チェック欄□も利用して、学習のまとめ・単語の総整理などにお使いください。

## 〈単語別〉

### A
- □ a large number of 235
- □ A rather than B 235
- □ a round of 65
- □ abolish 343
- □ abroad 337
- □ absorb 189
- □ access 359
- □ accurate 27
- □ accurately 21
- □ acquisition 77
- □ activity 119
- □ address 35
- □ advance 367
- □ advertising 45, 155, 287
- □ aggressive 61, 117
- □ aggressively 225
- □ agree 137, 207
- □ aid 169
- □ air pollution 91
- □ airline 213
- □ allocate 49
- □ allow 37
- □ along with 225
- □ alteration 69
- □ alumni 365
- □ analysis 269
- □ analyze 375
- □ annual 115, 257
- □ applicable 349
- □ assemble 27
- □ assembly 139
- □ astonishing 367
- □ at a loss 373

- [ ] at least 171
- [ ] at work 93
- [ ] athlete 123
- [ ] attempt 289
- [ ] attend 63
- [ ] attractive 31
- [ ] author 137
- [ ] authorities 69, 261
- [ ] automobile 33, 71
- [ ] available 361
- [ ] aware 91

## B

- [ ] balance 177
- [ ] bankruptcy 317
- [ ] bargain 57
- [ ] bear 101
- [ ] be faced with 135
- [ ] be hospitalized 89
- [ ] be welcome to 251
- [ ] board 275
- [ ] board of directors 127, 185
- [ ] board member 111
- [ ] bond market 255
- [ ] borrower 117
- [ ] brand 141
- [ ] bribe 335
- [ ] broadcasting network 339
- [ ] budget 45, 177
- [ ] bury 331
- [ ] business contact 241
- [ ] business trip 89

## C

- [ ] cabinet 237
- [ ] cabinet member 59
- [ ] cancellation 213
- [ ] cancer 289
- [ ] cancer treatment 175
- [ ] capital 241
- [ ] career 67
- [ ] carry out 369
- [ ] case 281
- [ ] cause 87, 237
- [ ] ceiling 331
- [ ] CEO 279
- [ ] CFO 61
- [ ] charity 315
- [ ] chemical 175
- [ ] city council 335
- [ ] clause 343
- [ ] clerk 297
- [ ] client 249
- [ ] close to 117, 303
- [ ] collapse 117, 203
- [ ] colleague 181

- [ ] combat 147
- [ ] combination 97
- [ ] coming 125
- [ ] commence 83
- [ ] commission 377
- [ ] commodity price 97
- [ ] common 47
- [ ] compared with 187
- [ ] compete 267
- [ ] competent 241
- [ ] competition 23, 119
- [ ] competitive market 143
- [ ] competitiveness 313
- [ ] complain 35, 297
- [ ] complaint 85
- [ ] complete 83, 137
- [ ] conceptual 165
- [ ] concern 91
- [ ] concerning 231
- [ ] condition 231
- [ ] conference 333
- [ ] conservative 271
- [ ] consider 261
- [ ] construction 83, 303
- [ ] consumer 167
- [ ] consumer demand 125
- [ ] contain 55
- [ ] contract 191, 343

- [ ] contract manufacturer 139
- [ ] contribute 159
- [ ] contribution 67, 369
- [ ] convention 63, 65
- [ ] cosmetics 31
- [ ] court 281
- [ ] credit 107
- [ ] critic 253
- [ ] cruise ship 295
- [ ] currency 313
- [ ] current 263
- [ ] current account 187
- [ ] curriculum 193
- [ ] customer 31, 199, 245, 385
- [ ] cut back 327

# D

- [ ] danger 189
- [ ] decelerate 227
- [ ] decision-making 165
- [ ] decline 203
- [ ] declining 269
- [ ] decrease 177
- [ ] decree 259
- [ ] defendant 281
- [ ] deficit 187
- [ ] deficit covering bond 25
- [ ] degree 259

- [ ] deliver 19
- [ ] delivery 329
- [ ] demand 97
- [ ] department 327
- [ ] departure 161
- [ ] depend on 181, 195
- [ ] deregulation 119
- [ ] desire 169
- [ ] develop 101, 289
- [ ] development 33
- [ ] digital camera 247
- [ ] direction 21
- [ ] discount 295
- [ ] discover 175
- [ ] dissatisfied 245
- [ ] division 279
- [ ] domestic 41, 49
- [ ] domestic market 337
- [ ] double 105
- [ ] doubt 215
- [ ] duty 315

## E

- [ ] earn 277, 321
- [ ] earning power 263
- [ ] earnings 277
- [ ] earthquake 237
- [ ] economic analyst 109
- [ ] economic growth 75
- [ ] efficiency 185
- [ ] electorate 59
- [ ] electric wire 331
- [ ] embassy 19
- [ ] employee 291, 323, 359
- [ ] encounter 23, 299
- [ ] encourage 227
- [ ] ensure 27
- [ ] entertainment budget 49
- [ ] enthusiastically 69
- [ ] equipment 367
- [ ] establish 107
- [ ] estate 239
- [ ] evaluate 375
- [ ] excess 189
- [ ] exhibit 71
- [ ] expand 135, 225, 337
- [ ] expect 25, 119, 227, 303
- [ ] expect A to B 309
- [ ] expectation 317
- [ ] expense 45
- [ ] expenses 327
- [ ] experiment 265
- [ ] expert 375
- [ ] explosion 181
- [ ] export 159
- [ ] exports 311

- [ ] extend 199

# F
- [ ] faced with 225
- [ ] facility 365
- [ ] factory 195
- [ ] faulty 101
- [ ] favorable 287
- [ ] fear 75
- [ ] file 273
- [ ] financial 27
- [ ] financial institution 307
- [ ] fix 205
- [ ] flight 275
- [ ] flood 373
- [ ] flu 349
- [ ] follow 21
- [ ] force 271, 313
- [ ] forecast 25
- [ ] foreign exchange 243
- [ ] for free 205
- [ ] form 319
- [ ] forthcoming 333
- [ ] free 169, 247
- [ ] from now on 359
- [ ] fuel 91
- [ ] fund 135, 341, 369
- [ ] fund-raising 365

# G
- [ ] generous 149
- [ ] get rid of 251
- [ ] give up 243
- [ ] global 91
- [ ] goods 47, 201
- [ ] growth 313
- [ ] guilty 335

# H
- [ ] have difficulty in~ing 73
- [ ] head toward 317
- [ ] hidden 55
- [ ] hierarchy 165
- [ ] high-rise 325
- [ ] hospitality 321
- [ ] household product 171

# I
- [ ] identification 325
- [ ] immediately 209
- [ ] import 39
- [ ] improve 269
- [ ] improvement 357
- [ ] in addition 383
- [ ] in advance 291, 295
- [ ] increase 85, 87
- [ ] individual 347, 377

- [ ] inflate 109
- [ ] inform 357
- [ ] in-house 139
- [ ] initial 113, 191
- [ ] injury 237
- [ ] in public 253
- [ ] instruction 21, 85
- [ ] insufficient 97
- [ ] insurance 239, 345
- [ ] intend to 241
- [ ] interested 251
- [ ] interview 65
- [ ] in the event of 237
- [ ] introduce 119
- [ ] invest 347
- [ ] investment 243
- [ ] investment instrument 179
- [ ] investor 179, 255, 373
- [ ] invitation 19
- [ ] involve 347
- [ ] issue 25, 281
- [ ] item 297

## J
- [ ] journal 183

## K
- [ ] kidney 89
- [ ] knowledge 179

## L
- [ ] labor 189
- [ ] labor union 43, 115
- [ ] lack 243
- [ ] launch 287
- [ ] lawyer 307
- [ ] leading 61
- [ ] lecture 193
- [ ] legislature 319
- [ ] less than 39
- [ ] liberalize 261
- [ ] library 163
- [ ] lifetime employment 51
- [ ] locate 297
- [ ] lounge 293
- [ ] luxury 133

## M
- [ ] machinery 215
- [ ] magnate 183
- [ ] mail 129
- [ ] maintenance 357
- [ ] make a purchase 295
- [ ] management 115
- [ ] manufacture 41, 101, 157, 201
- [ ] margin 59

- ☐ market pressure 23
- ☐ market trend 375
- ☐ marketing 47
- ☐ material 297
- ☐ measures 147
- ☐ medicine 53
- ☐ membership 141
- ☐ metropolitan area 103
- ☐ military action 233
- ☐ minimum 33
- ☐ ministry 107
- ☐ model 71
- ☐ modern science 367
- ☐ modify 37
- ☐ moral 281
- ☐ morning edition 103
- ☐ mutual fund 179, 375

# N
- ☐ nation 197
- ☐ national health insurance plan 319
- ☐ negotiate 77
- ☐ negotiation 115
- ☐ neighboring 197
- ☐ nevertheless 361
- ☐ no matter how 347
- ☐ not only A but also B 217, 263
- ☐ noticeably 287
- ☐ novel 257
- ☐ nuclear weapon 211
- ☐ numerical 235

# O
- ☐ obsolete 365
- ☐ offer 55, 157, 267, 293, 321, 383
- ☐ operate 215
- ☐ operation 185
- ☐ opportunity 55
- ☐ opposition 59, 299
- ☐ organizational 165
- ☐ original 217
- ☐ originally 37
- ☐ outcry 271
- ☐ outlay 113
- ☐ outstanding 127, 321
- ☐ overcome 181
- ☐ overnight 329
- ☐ overseas market 225
- ☐ overtime 173
- ☐ overtime work 323
- ☐ owner 309

# P
- ☐ partly 33

- [ ] party 343
- [ ] pass 177
- [ ] passenger 213
- [ ] patent 265
- [ ] pay 15
- [ ] pay raise 115
- [ ] payroll 301
- [ ] pension fund 107
- [ ] pension plan 345
- [ ] performance 127
- [ ] perfume 155
- [ ] personal belongings 163
- [ ] personnel 323
- [ ] pharmaceutical company 41, 53, 175, 289
- [ ] pile of 251
- [ ] poised 109
- [ ] policy 271
- [ ] poll 209
- [ ] pollution 33
- [ ] popularity 217
- [ ] position 15, 229, 231
- [ ] precautions 85
- [ ] precious metal 135
- [ ] predict 109
- [ ] prefectural 177
- [ ] prefer 235
- [ ] premium 149

- [ ] present 365
- [ ] president 233
- [ ] presidential 339
- [ ] prevent 211
- [ ] previous year 149
- [ ] print 85
- [ ] prior to 279
- [ ] private sector 277
- [ ] procure 73
- [ ] producer 139
- [ ] product 113, 141
- [ ] production 23, 173
- [ ] profit 105
- [ ] profitable 309, 347
- [ ] proliferation 211
- [ ] promise 261, 329
- [ ] promote 229
- [ ] promotion 121
- [ ] proportion 311
- [ ] proposal 43, 69, 111
- [ ] prosperity 159
- [ ] provide 103, 325
- [ ] provided 171
- [ ] public sector 277
- [ ] publisher 137
- [ ] purchase 31, 133, 377

## Q
- [ ] quit 15

## R
- [ ] rank 307
- [ ] rapid 189
- [ ] rapidly 39
- [ ] rate 209
- [ ] reaction 87
- [ ] recently 23
- [ ] recognize 265
- [ ] reconstruction 357
- [ ] refinery 181
- [ ] reflect 117
- [ ] refuse 43
- [ ] regular customer 99
- [ ] reluctance 35
- [ ] rely 139
- [ ] remit 35
- [ ] remodel 195
- [ ] remodeling 357
- [ ] renew 385
- [ ] renewal 191
- [ ] representative 43
- [ ] require 213, 361
- [ ] requirement 131
- [ ] research 145
- [ ] researcher 163, 265
- [ ] reserve 333
- [ ] resign 271
- [ ] responsibility 249
- [ ] restructuring 185
- [ ] result 189
- [ ] result in 97
- [ ] retirement 107, 227
- [ ] retirement plan 345
- [ ] retrieve 169
- [ ] return 113, 255
- [ ] review 51
- [ ] revolution 47
- [ ] reward 127
- [ ] rewarding 345
- [ ] rise in the yen's value 223
- [ ] routine work 207
- [ ] run through 381

## S
- [ ] sale 381
- [ ] sales 223
- [ ] sales tax 167
- [ ] satisfactory 147
- [ ] satisfied 223
- [ ] save 95
- [ ] scaling-back 173
- [ ] score 29
- [ ] secretary 333

- ☐ secretary-general 333
- ☐ security 275, 325
- ☐ seek 65, 337
- ☐ sensitive 305
- ☐ seriously 365
- ☐ set 113
- ☐ set up 37
- ☐ share 311
- ☐ share price 75
- ☐ shot 349
- ☐ significant 243
- ☐ site 181
- ☐ slightly 305
- ☐ social instability 189
- ☐ specialized 179
- ☐ specific 349
- ☐ specify 343
- ☐ spiral 147
- ☐ spokesperson 339
- ☐ standard 289
- ☐ state 77, 131
- ☐ statement 107
- ☐ statistics 27
- ☐ step 105
- ☐ step up 75
- ☐ stipulation 121
- ☐ stock 173, 239, 341
- ☐ stock exchange 341
- ☐ stock market 55, 109, 179, 203, 255, 347
- ☐ stock price 203, 233
- ☐ stock room 73
- ☐ stock split 203
- ☐ stockholder 27
- ☐ stolen 145
- ☐ stomach ulcer 41
- ☐ strict 53
- ☐ successor 61
- ☐ suggest 69
- ☐ suggestion 99
- ☐ supervisor 145
- ☐ supply 73, 97
- ☐ support 271
- ☐ surprise 307, 323
- ☐ sustain 313

# T

- ☐ take 129
- ☐ take into account 263
- ☐ take out 265
- ☐ take over 183
- ☐ take place 115
- ☐ talented 61
- ☐ tax 87
- ☐ tax refund 273
- ☐ tax return 273

- ☐ technical 243
- ☐ tenant 325
- ☐ test 41
- ☐ testimonial 67
- ☐ the first quarter 155
- ☐ The Health, Labor and Welfare Ministry 41
- ☐ the public 87, 209
- ☐ the United Nations 197
- ☐ to some degree 139
- ☐ tourist 223
- ☐ trade deficit 305
- ☐ trade fair 257
- ☐ transaction 249
- ☐ transfer 249, 279, 341
- ☐ trend 259
- ☐ trial period 245
- ☐ turn down 99
- ☐ tutor 161

## U
- ☐ unenthusiastic 35
- ☐ unfortunately 57, 303, 315
- ☐ unmarried 95
- ☐ unravel 51
- ☐ unrestricted 169
- ☐ unsuccessful 289
- ☐ unusual 267
- ☐ up 191
- ☐ utilization 357

## V
- ☐ vacation 17
- ☐ valid 57, 171
- ☐ valuation 263
- ☐ various 299
- ☐ vary 131
- ☐ voluntary 227
- ☐ vote 111, 185

## W
- ☐ wage raise 43
- ☐ warranty 205, 247
- ☐ weaken 75
- ☐ weather 17
- ☐ weather forecast 103
- ☐ well-deserved 321
- ☐ willing 291
- ☐ win a place 143
- ☐ wonder 45
- ☐ worry about 223
- ☐ worth 239, 375
- ☐ wrapping 383

## Y
- ☐ yield 255

## 〈ジャンル別〉

### A
- almostとmostの問題 140
- anotherの問題 78
- anyone whoの問題 252
- as well asの問題 158

### B
- becauseとbecause ofの問題 188
- beforeとafterの問題 40

### D
- despiteとalthoughの問題 44
- due toの問題 224, 358

### I
- in spite ofの問題 148
- includingとincludedの問題 240

### M
- make＋目的語＋形容詞の問題 146

### N
- nearの問題 64

### O
- only toの問題 318

### R
- rather thanの問題 332

### S
- so thatの問題 274

### W
- whether A or Bの問題 338

### か
- 過去分詞の問題 236
- 可算名詞を修飾する単語の問題 100, 106
- 仮定法過去完了の問題 144
- 仮定法未来の問題 216
- 関係代名詞の問題 38, 174, 376
- 関係副詞の問題 278

### け
- 形容詞＆単語の問題 166, 264
- 形容詞の問題 18, 94, 186, 256, 310
- 現在完了の問題 312

- □ 現在分詞の問題 56, 156

## さ
- □ 最上級の問題 72, 180, 254

## し
- □ 使役の問題 248
- □ 時制の問題 258
- □ 従位接続詞whetherの問題 196
- □ 熟語の問題 54, 110, 136, 138, 172, 184, 234, 250, 320, 342, 360, 378, 384
- □ 主語と動詞の一致の問題 32
- □ 受動態の問題 62, 326

- □ 助動詞＋動詞の原形の問題 86

## せ
- □ 接続詞onceの問題 84
- □ 接続詞の問題 28, 52, 76, 90, 98, 120, 190, 246, 288, 362
- □ 前置詞regardingの問題 374
- □ 前置詞の問題 20, 50, 58, 116, 122, 128, 132, 162, 192, 232, 268, 276, 302, 308, 324, 330
- □ 前置詞を伴う関係代名詞の問題 280

## た
- □ 第2文型の動詞（remain）の問題 348
- □ 代名詞の問題 60, 96, 112, 210, 228
- □ 他動詞の問題 212
- □ 単語の問題 26, 42, 48, 68, 74, 88, 92, 102, 108, 142, 182, 198, 204, 206, 208, 218, 230, 244, 260, 270, 282, 294, 296, 322, 328, 344, 350, 366, 370, 382, 386
- □ 単数名詞を修飾する語の問題 298

## て
- □ 提案、要求などを表わす動詞の問題 214
- □ 適切な意味の動詞を選ぶ問題 126, 200, 272, 316, 340
- □ 適切な意味の副詞を選ぶ問題 16, 104, 160, 194, 290
- □ 適切な動詞の形を選ぶ問題 368
- □ 適切な動詞の形を問う問題 292

## と
- 動詞と不定詞の問題 314
- 動詞の形を問う問題 242
- 動名詞と不定詞の問題 262
- 動名詞の問題 168, 336

## に
- 似かよった単語の問題 46, 334

## ひ
- 比較級の強調の問題 346
- 比較級の問題 70

## ふ
- 不可算名詞を修飾する語の問題 300
- 副詞evenの問題 134
- 副詞の問題 22, 30, 130, 150, 176, 226, 238, 306
- 複合名詞の問題 164
- 分詞構文の問題 114
- 分詞の問題 24

## へ
- 並立/並列の問題 34

## み
- 未来完了の問題 124

## め
- 名詞の問題 36, 66, 118, 170, 178, 266, 304

## 音声版ダウンロードについて

　このたびは中村澄子著『1日1分レッスン！新 TOEIC Test　千本ノック！』をお買いあげいただき、ありがとうございます。

　ネイティブスピーカーが本書を1冊丸ごと朗読した、音声ファイルをご用意しました。

　TOEIC TEST のリスニング対策に最適です。お持ちのパソコンや MP3 プレーヤーで繰り返しお聞きになって、「英語の耳」を鍛えてください。

　ダウンロードは、以下の手順でお願いします。

1 祥伝社のホームページを開いてください。
　http://www.shodensha.co.jp/index.html
2 『1日1分レッスン！新 TOEIC Test　千本ノック！』
　1冊丸ごとダウンロードのバナーをクリックしてください。
3 パスワード入力画面に、パスワード「senbon172」を打ち込んでください（半角英数です）。
4 ダウンロード画面に切り替わります。

■ナレーション：佐川ケネス
ハワイ出身の日系3世。カリフォルニア大学バークレー校で英語と歴史（政治史）を専攻。バークレー大学大学院で日本政治史を専攻した後、同大学博士課程にすすむ。博士論文執筆のため、来日。日本が気に入り、博士号取得後も日本で暮らすことに。日米会話学院で30年、某有名女子大学で25年の長きにわたり教鞭をとる。執筆も多数。特に『すらすら／らくらく／わくわく／うきうき英文速読術』など速読術関連の本の多くが人気をはくす。クラシック音楽、バレエ、演劇をこよなく愛する文化人。


**お知らせ**
祥伝社のホームページからダウンロードできる、中村澄子先生の音声ダウンロード（http://www.shodensha.co.jp/oneday_info/index.html）の中の、無料ダウンロードサービス「1日1分レッスン！新TOEICTest 千本ノック！」、「1日1分レッスン！新TOEICTest」、「1日1分レッスン！TOEICTest ステップアップ編」、「1日1分レッスン！TOEICTest 英単語、これだけ」は、2012年9月30日をもって終了いたします。
10月1日以降はオーディオ配信サイトからのダウンロードをご利用ください。
詳しくは小社のホームページをご覧ください。
（※なお、サービスによって料金が違いますのでご注意ください）

祥伝社黄金文庫

# 1日1分レッスン！ 新 TOEIC Test 千本ノック！

平成20年 3月20日　初版第1刷発行
平成27年 7月30日　　　　第15刷発行

| 著　者 | 中村澄子 |
|---|---|
| 発行者 | 竹内和芳 |
| 発行所 | 祥伝社 |

〒101-8701
東京都千代田区神田神保町3-3
電話　03（3265）2084（編集部）
電話　03（3265）2081（販売部）
電話　03（3265）3622（業務部）
http://www.shodensha.co.jp/

| 印刷所 | 萩原印刷 |
|---|---|
| 製本所 | ナショナル製本 |

本書の無断複写は著作権法上での例外を除き禁じられています。また、代行業者など購入者以外の第三者による電子データ化及び電子書籍化は、たとえ個人や家庭内での利用でも著作権法違反です。
造本には十分注意しておりますが、万一、落丁・乱丁などの不良品がありましたら、「業務部」あてにお送り下さい。送料小社負担にてお取り替えいたします。ただし、古書店で購入されたものについてはお取り替え出来ません。

Printed in Japan　Ⓒ 2008, Sumiko Nakamura　ISBN978-4-396-31450-7 C0182

# 祥伝社黄金文庫

**中村澄子　1日1分レッスン！ 新TOEIC® TEST 千本ノック！ 4**

基本、頻出、難問、良問。カリスマ講師が厳選した132問で勝負！ 単語も文法もリーディングも、これでOK！

**中村澄子　1日1分レッスン！ 新TOEIC® TEST 千本ノック！ 5**

著者自らが毎回受験して問題を分析！ 最新の出題傾向がズバリわかる最小、最強、最適の問題集！

**中村澄子　1日1分レッスン！ 新TOEIC® TEST 千本ノック！ 6**

効率よく学習したい受験生にピッタリ。スコアの伸び悩み解消に効果抜群。「本番に出た」の声も続々！

**中村澄子　1日1分レッスン！ 新TOEIC® TEST 千本ノック！ 7**

シリーズ合計1000問突破！ 大好評のシリーズ最新版。最新の出題傾向がわかる基本・頻出・良問・難問厳選143問！

**中村澄子　1日1分レッスン！新TOEIC® TEST 英単語、これだけ 完結編**

厳選単語シリーズ第三弾。本当に試験に出る単語を効率よく覚えられるよう工夫された、究極の単語本。

**中村澄子　1日1分！やさしく読める フィナンシャルタイムズ＆エコノミスト**

「TOEICだけでは世界で取り残される！」本書で、世界のビジネス最新情報を英語でサクッと読みこなせるようになろう！